房价烫手，投资机会哪里来？
股市魅惑，何时不再做钱奴？
财务世界里，一条**资讯**背后就有一个**潜台词**！

房价涨了,投资机会到哪里来?
股市越熊,何时不再亏钱败?
好多世界里,一条资讯背后就有一个替合同!

生活中点石成金的
财务资讯

何汕媛 编著

西南财经大学出版社
SOUTHWESTERN UNIVERSITY OF FINANCE & ECONOMICS PRESS

序

当今社会，不管你从事任何行业，都必须和经济打交道。国内生产总值增长率、存款准备金率、消费者物价指数……这些经济名词不只是简单地停留在新闻媒体中，而且切切实实地影响着每一个人。然而，面对铺天盖地的新闻资讯，如何正确解读这些资讯中所包含的财务信息，成了大多数人所面临的难题。

高深的经济学理论令许多有心学习的人士望而却步，完全无法满足现代人迅速汲取知识的直接需求。本书正是从这些人的视角出发，选取真实的经济新闻，援引大量客观数据，力求以全新的财务角度审视经济现象发生的原因及过程，并用通俗易懂的语言深入解读这些现象给我们的生活所带来的影响。

在第一章中，作者深刻地描述并严谨地分析了日常生活中经常被提及的物价问题。肉价为什么会呈现出周期性的涨跌？商场里衣服打折的现象为何越来越普遍？高昂的房价背后究竟是谁在扮演推手？本书对于这些问题的解答可谓一针见血，切中肯綮，相信读者朋友会开卷获益。

本书的第二章以宏观调控政策的四大目标（经济增长、充分就业、物价稳定和平衡国际收支）为主线，再加上金融三大关键词（利率、流动性以及货币政策工具），用简洁的笔力、生动的语言为读者们展现了宏观经济画卷中交错复杂的关系。通过这部分的阅读，你会对经济新闻中所提及的大部分内容拥有崭新的认识。

本书的第三章则揭示了理财工具背后的故事。俗话有云："你不理财，财不理你。"但近几年理财行为的火爆却与部分非理性的投资行为存在一定关联，普通人投资亏损的新闻亦屡见报端。银行理财产品、股票、基金、债券……正确认识这些理财工具并充分了解其隐藏的风险因素，是成为一名合格投资者的必要前提。

最后作为补充，作者在第四章里讨论了上市公司的相关资讯。在日常新闻中，公开发行、增发、减持等一系列专有名词频频充斥着我们的耳膜，但大多数新闻媒体语焉不详，未能作出到位的解释。鉴于此，本书在总结历史的基础上密切联系当前实际，运用大量鲜活的案例深入分析了这些术语及其潜在含义。透视这些或远或近的市场万象，我们才能更好地认识中国股市。

出于篇幅限制，全书仅从几个日常生活中较为具有代表性的议题出发进行剖析，内容上存在一定的局限性。希望作者能够再接再厉，用更广阔的视角、更深入的观察，进一步学习研究中国经济的现状，朝高屋建瓴而前进。

西南财经大学证券与期货学院党总支书记

李南成 教授

目 录

1 喝茶聊天中的价格 ······ 1

● 伤不起的猪肉 ······ 1
　○ 当消费者物价指数成为中国猪肉指数 ······ 2
　○ 逃不开的价格周期 ······ 3

● 越来越贵的衣服 ······ 6
　○ 服装成本面面观 ······ 7
　○ 打折怪圈何其多 ······ 10
　○ 抄号族的兴起 ······ 11

● 房价：到底还会涨吗？ ······ 12
　○ 房子，中国人的痛 ······ 12
　○ 中国房地产业的美丽与哀愁 ······ 13
　○ 谁让房价这么高 ······ 18
　○ 宏观调控有用吗？ ······ 26
　○ 中国式房价的未来 ······ 37

2 必须看懂宏观经济 ············ 45

● 经济关键词扫盲 ············ 45
- ○ 经济增长是目标 ············ 45
- ○ 充分就业不可少 ············ 51
- ○ 物价稳定很重要 ············ 58
- ○ 问题繁多的国际收支 ············ 64

● 金融知多少 ············ 72
- ○ 小利率,大威力 ············ 73
- ○ 是非功过流动性 ············ 75
- ○ 货币政策有工具 ············ 79

3 理财工具背后的故事 ············ 84

● 当银行成为金融超市 ············ 84
- ○ 井喷的银行理财 ············ 85
- ○ 银行=无风险? ············ 88

● 拿什么拯救你,中国股市 ············ 90
- ○ 风雨激荡二十年 ············ 91

● 波澜起伏的基金 ············ 96
- ○ 基金是怎么运作的? ············ 97
- ○ 集合理财+专业管理=高收益? ············ 100
- ○ 剪不断的基金黑幕 ············ 102

● 避险求稳的债券 ············ 104

○ 潜力无限的债券市场 …… 105

○ "金边"国债 …… 107

4 解读上市公司资讯 …… 110
● 这些术语必须吃透 …… 110

○ IPO，想说爱你不容易 …… 110

○ 解禁、减持与增发 …… 118

○ 股市中的不死鸟 …… 125

1 喝茶聊天中的价格

● 伤不起的猪肉

新闻链结

法国兴业银行：中国猪肉价格严重滞涨

2012年07月27日　来源：证券时报

美国中西部50年一遇的大旱导致玉米价格飞涨，这对中国的猪肉价格来说是一个让人担心的信号。

法国兴业银行发表的报告指出，全球玉米、大豆价格的变化可以很好地"预言"中国国内猪肉价格波动，这是由于中国国内猪肉价格的变动周期比玉米滞后一个季度，比大豆滞后两个季度。中国已经超过美国成为全球最大的肉类消费国，今年中国的猪肉消费量预计将达到5200万吨，因此玉米和大豆价格飙升对中国猪肉价格变化意义重大。

该行分析师指出，近期食品价格的上升不会马上扭转中国消费者物价指数（CPI）的下滑趋势，但如果食品价格在整个夏季持续上涨，今年11月、12月可能会引起通胀水平上升。

生活中点石成金的财务资讯

点评:"它可以是餐桌上的一盘菜肴,也可以是撼动CPI的重要一环;它可以让消费者谈'猪'色变,也可以让养殖户苦不堪言。"在一头猪影响CPI的中国,猪肉的价格又将走向何方?

○ 当消费者物价指数成为中国猪肉指数

中国是世界上最大的猪肉生产国和消费国。2010年,我国猪肉产量突破5000万吨,占据了全球猪肉市场半壁江山。而居民猪肉消费占全部肉类消费比重一直维持在60%以上。国家统计局的数据显示,2011年我国城镇居民人均消费猪肉20.73千克,农村居民14.4千克。随着城市化的推进以及人们收入水平的不断提高,我国的猪肉消费量必然会进一步提升。

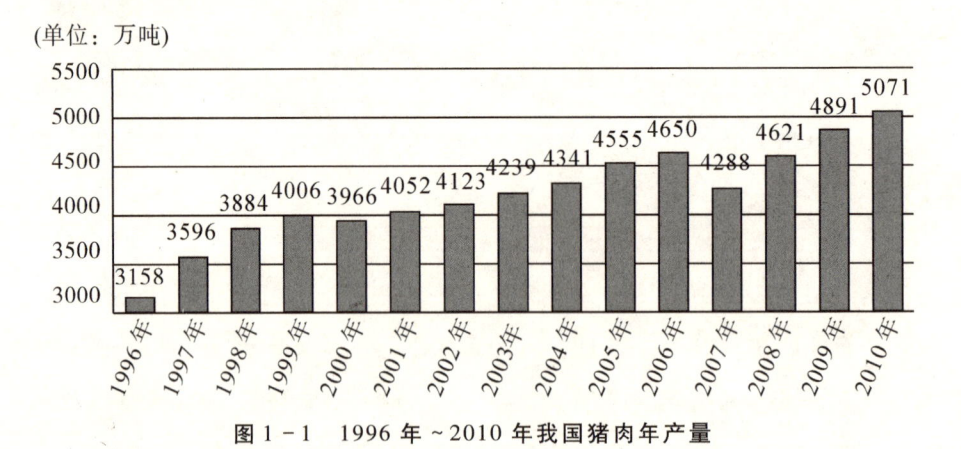

(单位:万吨)

年份	产量
1996年	3158
1997年	3596
1998年	3884
1999年	4006
2000年	3966
2001年	4052
2002年	4123
2003年	4239
2004年	4341
2005年	4555
2006年	4650
2007年	4288
2008年	4621
2009年	4891
2010年	5071

图1-1 1996年~2010年我国猪肉年产量

数据来源:《中国统计年鉴2011》

在消费量迅速增长的同时,猪肉价格也是节节攀升。每一次猪肉价格的上涨,都伴随着人们"吃不起肉"的惊呼。特别是在2011年年中,猪肉价格更是达到了历史顶峰,排骨每千克卖到40元,精肉也要卖每千克32元。有人表示,自己每个月2000元的工资也仅够买50千克排骨。

1 喝茶聊天中的价格

2010年以来，食品价格尤其是猪肉价格大幅度上涨成了拉动居民消费价格指数上涨最主要的因素。有人统计过，猪肉价格每上涨20%，就会影响CPI约0.6个百分点，如果再考虑对其他食品的带动，最终将会影响CPI约1个百分点。2011年8月份，猪肉价格同比涨幅为45.5%，影响价格总水平幅度1.27个百分点；同年9月份，猪肉价格上涨43.5%，影响价格总水平上涨约1.24个百分点。难怪有网友戏称：中国的消费者物价指数（CPI）变成了中国猪肉指数（China Pig Index）。

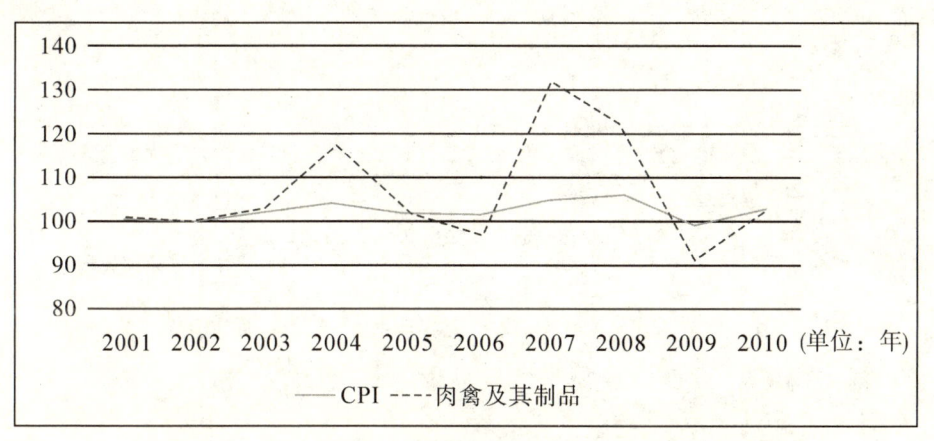

图1-2 2001年~2010年我国居民价格消费指数
及肉禽制品分类指数变动情况

数据来源：《中国统计年鉴2011》

○ 逃不开的价格周期

自1992年后，我国政府就放开了猪肉定价，实行市场化定价体制。回顾过往，我们发现2004年以来猪肉价格经历了三个阶段性的上涨：从2004年1月到2005年1月，生产成本的增加带动猪肉价格小幅上涨；2006年9月到2008年4月，在生猪货源紧缺与蓝耳病疫情的共同作用下，猪肉价格大幅抬升；2010年6月至2011年10月，猪肉价格创历史新高，除了供应紧缺外，部分饲料和人工成本的上涨也是猪

- 3 -

生活中点石成金的财务资讯

肉价格上涨的重要因素。每次阶段性上涨后，必然伴随着肉价的回落。

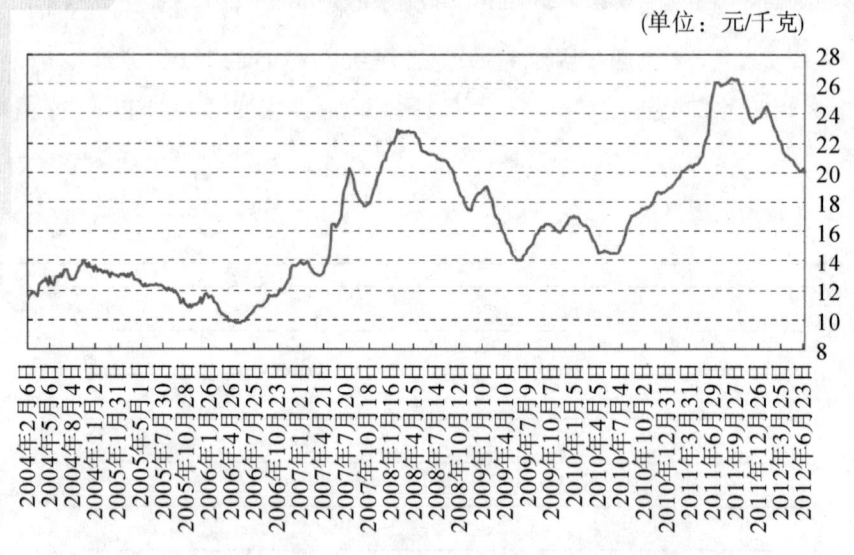

(单位：元/千克)

图 1-3 2004 年～2012 年上半年我国鲜猪肉批发价格

数据来源：国家商务部网站

为什么猪肉价格会呈现出过山车一般的走势？大家都知道，猪肉要端上餐桌，一般需要经历生产、收购、屠宰加工、批发、零售等几大环节，总体而言可以划分为生猪生产、生猪屠宰加工、猪肉销售这三个阶段。下面我们沿着这个轨迹来进行分析。

众所周知，生猪养殖需要较长的生产周期。据了解，从仔猪到最终可供出栏的商品肉猪一般需要 18 个月。其中，从仔猪养殖成为能繁殖的母猪需要 8 个月，而母猪的妊娠期大约为 114 天，产下的商品仔猪还要经过 35 天保育期之后才能出售，最后从仔猪补栏到商品肉猪出栏需要 5 个月。即便在目前生猪饲养技术大幅提高的情况下，肉猪也不是一天就长成的。由于养猪的门槛非常低，当猪肉价格上涨时，生猪市场的繁荣景气便会带动各方养猪热情高涨。2011 年高昂的猪肉价格就吸引了不少生猪养殖上市公司迅速"扩容"，甚至许多此前并未涉足生猪养殖的部分上市公

— 4 —

司也开始转型,比如之前从事猪饲料加工生产的某国内企业便公开表示,欲将产业链延伸进入高端种猪养殖业。等养殖场的猪仔长大后,生产者便将其投放市场,此时市面上猪肉的供应量大大增加,甚至出现供过于求的局面。为了把猪肉卖出去,生产者只能降价销售,一些过低的价格打击了养殖户的积极性,于是他们开始减少饲养猪仔的数量,这又导致了下轮生猪货源的短缺,进而引起猪肉价格再次上涨,这样便形成恶性循环,使猪肉价格一直重复着涨价、降价、亏损、减产再涨价的"魔咒"。2012年上半年,随着2011年第三、第四季度开始养殖的生猪出栏,猪肉价格出现了明显下跌。据农业部监测数据显示,2012年8月1日,全国生猪平均价格为13.94元/千克,与2011年同期相比下降了26.7%。

另外,在猪肉生产的不同环节中,成本和利润水平是完全不一样的。有人曾统计,2010年猪肉生产、加工及批发的利润率分别维持在30%、12%与7%左右,即生猪生产环节利润水平最高。这是因为在加工环节中,猪肉屠宰量在平稳中不断上升,不会对猪肉的供给造成瓶颈,对猪肉最终售价影响不大。到了零售环节,按照微观经济学的观点,猪肉市场厂商数目众多且产品完全同质,市场中的每个人均是价格的接受者,属于完全竞争市场范畴,因此猪肉的最终消费价格主要由生产成本来确定。而在生产环节中,猪的饲料成本大约占55%,其次是仔猪的购买费用。据统计,我国猪饲料主要是由70%的玉米、10%的豆粕以及10%的麸皮构成。因此饲料成本与粮食等大宗商品价格基本一致,大宗商品的价格波动直接决定了养猪成本。

现在你是否能够理解前面新闻中美国大旱与中国猪肉涨价的内在联系了呢?由于近期玉米、大豆等价格的不断上涨,养猪饲料成本进一步上升,养殖户利润不断缩水。据四川某地畜牧局统计,在2012年8月下旬,一个中等规模养殖场出栏一头100千克的猪,其生产成本达1437元,其中仔猪价格为520元,饲料成本上涨至800元,人工费用40元,防疫费25元,其他费用52元。而这头100千克生猪的销售价格为1480元,也就是说,生产环节的利润仅为43元,着实成了"伤不起"的猪肉。

生活中点石成金的财务资讯

● 越来越贵的衣服

新闻链结

服装涨价何以大行其道

2012年3月5日　来源：中国服饰报

春天来了，百货商场里，各服装专柜模特身上厚厚的冬装也陆续换上了轻薄亮眼的春装。不仅服装亮眼，服装的价格也同样"亮眼"。记者在走访中发现，今春新上架的知名服装品牌，诸如ONLY、Vero moda、E-LAND等，其针织衫、小西装基本不低于600元，T恤不低于300元。某品牌的一款长靴子，三折后价格仍然高于800元。国家统计局发布的2012年1月份居民消费价格变动情况显示，衣着价格同比上涨3.3%，其中，服装价格上涨3.4%，鞋类价格上涨2.8%。该调查印证了消费者认为服装价格普遍上涨并不只是单方面的感受。

事实上，不仅今春刚上架的新款服装价格上涨，从去年开始，服装"涨价潮"就已经来袭了。从国家统计局此前发布的居民消费价格变动情况可以看出，2011年10月，衣着类价格同比上涨3.7%，其中，服装价格上涨4.0%，鞋类价格上涨2.5%；11月，衣着类价格同比上涨3.5%，其中，服装价格上涨3.6%，鞋类价格上涨2.7%；12月，衣着类价格同比上涨3.8%，其中，服装价格上涨3.9%，鞋类价格上涨3.1%。

值得一提的是，2011年服装价格的明显上涨，对服装销量造成了一定影响。中华全国商业信息中心指出，在物价全面上涨的大环境下，居民实际购买力有所下降，而2011年品牌服饰价格的明显上涨进一步压缩了居民对于服装的消费空间，使得全年大型零售企业服装销量增速呈现明显下滑态势。据统计，2011年全年全国百家重点大型零售企业服装类商品零售额实现累计增长20.39%，相比上一年下降了2.24个百分点；而服装类商品零售量增速仅为4.88%，还不及上一年增长水平的一半。

1　喝茶聊天中的价格

> 点评：居高不下的服饰价格，伤害的不仅是消费者的钱包，还有服装商的心。当商场陷入不打折就卖不动的怪圈，当抄号族如雨后春笋般涌现，当专卖店沦为试衣间……我们在感慨的同时更需要知道，是什么推高了衣服价格？

○ 服装成本面面观

当你向任何一个销售人员询问衣服价格为什么这样高，他们都会异口同声地告诉你，这是因为成本涨了。

实际上，成本上升已经成为所有商品调高价格的原因或者借口。面包涨价，是因为面粉涨了；出租车涨价，是因为汽油涨了；房子涨价，是因为钢筋水泥涨了。作为劳动密集型产品的服装，在原材料价格、劳动力成本、人民币升值等种种因素的压力之下，似乎没有理由停住价格上涨的脚步。

首先来看看制造成本。有业内专家曾表示，在传统的服装加工制造成本构成中，原料成本占到了60%～75%，加工制造成本占25%左右。我们知道，服装的原料主要包括化工纤维和棉花。其中，合成纤维是化工纤维中的一大类，常见的涤纶、锦纶、腈纶等都属于此类。合成纤维是石油化工工业和炼焦工业中的副产品，作为初级产品的石油经过多次加工，并经过裂化、聚合等一系列复杂过程形成高分子材料，最后把这些高分子材料再加工制造就得到了合成纤维。近年来国际油价持续走高和我国经济的高速发展，导致油价大幅提升，从而影响了化工纤维的价格。

但值得注意的是，服装原料的另一重要角色——棉花，在过去的两年里其价格却如过山车一般跌宕起伏。自2010年起棉花价格就一路攀升，在2011年年初达到最高点后就上演"高台跳水"，价格一路狂泻。2012年上半年，棉花价格较2011年同期已下跌了将近四成。按理说，棉花价格一路下跌，服装的成本也应该随之下降才对。但是对于纺织服装整个产业链而言，越往上游走，企业需要组织的生产周

— 7 —

生活中点石成金的财务资讯

期就越长。例如服装流行趋势提前 6 个月发布，面料流行趋势提前 12 个月发布。这就要求企业要对一个相对较长的未来作出预期，并且通过生产库存的模式来对下游进行供货。由于 2010 年棉花价格大幅上涨，于是棉纺企业大批囤积棉花，扩大产能；而 2011 年棉花价格大幅下挫，其程度远远超出厂商的普遍预期，高价买回来的棉花使得生产成本大增，进而导致产品价格上涨，甚至部分企业到 2012 年年中还没消化完先前积压的棉花。

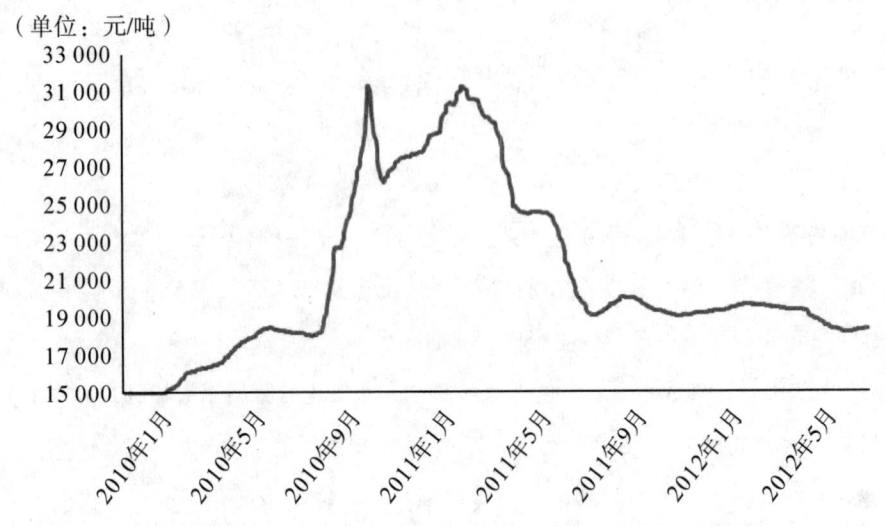

图 1-4　2010 年~2012 年上半年中国棉花价格 328 指数

数据来源：凤凰网财经频道

说完了原材料，再来看劳动力成本。近年来，人力成本的一路上涨成为令企业头疼的问题。以浙江某服装生产商为例，据介绍，2009 年该公司操作工人平均工资是 1900~2000 元/月，到 2010 年年底，其平均工资上涨至 2600~2700 元/月，2011 年年底时工人的平均工资已经增加到 3000~3100 元/月。目前，该公司的工人人数为 1800~1900 人，仅在劳动力成本这一项上，公司 2012 年就比 2009 年多支出 2000 万元。除此以外，"招工难"问题的涌现更是推高了劳动力工资。有企业家表示，即便工人工资一涨再涨，可还是很难招到工人，有的企业陷入了有钱也招不

1　喝茶聊天中的价格

到工人的境地。这不仅是因为新生代农民工择业观发生变化,老一批农民工逐渐倾向于家门口就业,还涉及我国制造业产业结构升级等一系列深层次原因。

当然,制造成本问题并不是造成服装价格上涨的唯一因素,渠道、房租费用等其他成本上涨同样会对服装价格上涨造成很大的影响。

现在服装零售店铺的选址模式主要包括门面店、百货商店或超市专柜、大型购物中心或服装商业中心店中店等。由于购物中心、服装商业中心等大型商场的经营实力较强,商誉度较高,通常聚集着较多的国内外品牌。对于新兴的服装品牌来说,通过专柜形式凭借商场的商誉更容易打开市场;而已经具有相对影响力的服装品牌,也可以借助品牌的规模效应,进一步提高品牌的知名度及销售份额。所以,品牌服装大多倾向于进驻商场专柜,而通常商场与品牌服装都是采用合作联营方式,即从售价中拿出一定的比例上交商场。据了解,一般商场对服装的扣点为15%~35%不等,具体点数根据商场的影响力和品牌的实力而有所不同。当消费者在商场购买服装后,代理商还不能立即拿到这笔钱。通常商场都会经过一个周转期才返款给他们,效益好的商场返款快,效益不好的则要拖欠几个月甚至一年。另外,每逢"五一"、"十一"、元旦、春节等各种节日的促销活动,商场还要向代理商额外收费,其种类可谓五花八门。以店庆为例,代理商要交的就有店庆赞助费、店堂布置费、消防费等,怪不得一件成本几十元的衬衫在百货商场的标价往往都在千元以上。但是商场也大倒苦水,急速飙高的各种经营成本让他们自身难保,只能选择与代理商一起分担成本压力。

此外,对于采用门面店经营的服装商,日益高涨的租金更令他们痛不欲生。雅戈尔副董事长李如刚表示,其在上海南京东路的专卖店已经被雅戈尔买断,该专卖店一年的销售额约2000万元~3000万元,但如果是租别人门店的话,由于租金大幅上涨,房租与收入已经基本持平,企业要维持原来的利润水平,零售价格只能调高到成本价格的10倍左右。而在以前,服装零售企业以出厂价3~4倍的价格作为服装零售价,就能保证一定利润。

原材料涨了,劳动力工资涨了,商场进场费涨了,房租涨了,于是服装生产商、

生活中点石成金的财务资讯

批发商、代理商、零售商必然把重重上涨的部分通过最终产品服装价格转嫁给消费者。因为对他们来说，不涨价就意味着利润减少甚至是亏损，企业家毕竟不是慈善家。

○ 打折怪圈何其多

在服装价格大肆上涨的同时，"打折"这个商场惯用促销手段也泛滥开来。以前打折促销一般集中于节假日期间，促销产品也多为库存积压或过季服装。进入2012年后，高昂的服装单价似乎已经成为名义上的价格，打折促销也不再仅限于过气商品，商场里以五折、三折价格销售的当季服装比比皆是。同样地，服装换季"降价战"也是一年比一年来得早。例如夏装换季，前几年是到立秋后才开始降价，后来是到立秋前，现在大热的三伏天里就敲响了锣鼓。新品的迅速降价，使得消费者学会了观望，在下季新款服装上市后不再急于购买，而是耐心等待价格优惠。即使是新品促销，由于消费者知道不久后会出现更大幅度的打折狂潮，因此其销售情况也就不甚理想。这使得本来就需面对高库存压力的服装企业雪上加霜，他们就不得不通过更大程度的打折促销来解决销售难题。多重原因影响下，出现不打折就卖不动的现象就不难理解了。

老百姓追求物美价廉天经地义，可品牌服装为什么一边不断提高服装价格，一边又不停参加商场越来越多的打折活动呢？

服装价格的拔高，除了与成本的上涨有密切关系，还与品牌服装的定价策略有关。近几年国内服装品牌争相走高端路线，纷纷向洋品牌靠拢，或者起个洋名字，然后顺势抬高身价与国际接轨。另外，随着消费者的生活观念不断升级，越来越多人追求高品质、高水准的生活状态，高层次的消费自然也水到渠成。所谓"便宜无好货，好货不便宜"，消费者把价格高当作品质好的信号，品牌服装也乐意卖个高价。2012年3月，微博上就爆出一名顾客向报喜鸟旗下高级定制品牌卡博诺订购了一套价格为22.8万元的西服，创下了中国服装定制品牌市场销售的最高价格。虽然这套西服选用了号称当今世界上"金钱能买到的最好布料"——英国世家宝纯羊毛加黄金丝高纱织面料,但其价格如此令人乍舌,不知道穿上是种什么感觉。

涨价对于服装品牌是一把双刃剑,一方面由于价格的提升会带动销售额的提升,但同时对于服装销量也有一定的挤出效应,甚至会抑制销量增长。据统计,2011年中国服装销售继续保持较快增长,限额以上批发零售企业和全国重点大型零售企业服装类商品零售额增速均在20%以上。在这欣欣向荣的景象之下,是服装单价增长对服装零售额增长的贡献率高达79.9%,也就是说2011年服装零售额增长中有近80%是源于单价上涨的拉动。价格对行业零售额增长的推动不可能长期持续,如果继续遭遇不可承受价格之重,人们只能选择离开实体店,以应对"涨声一片"。

◯ 抄号族的兴起

近年来,相当火爆的网络购物给消费者打开了一扇通往新世界的大门,几乎所有人都知道了网上的东西一般比商场来得便宜。相较于实体店,网店不需要交租金,没有库存压力,只需要一个仓库、一台电脑就可以开展经营。一件衣服实体店即使有50元的毛利,也未必能赚钱;而对于网店,只要有5元的利润就可以卖。即便是相同品牌,也能在网上找到六七折代购,价格优势非常明显。

因此,越来越多的人投入到了网购的大军。很多人(特别是年轻女性)转战商场,尽情试穿,然后偷偷地记下货号,再回家或干脆现场就直接掏出手机上网寻找代购或相似款型。也有人在网上发现心仪的衣服后,先到实体店试穿,如果合适再进行网购。如此一来,实体店沦落为这些"抄号族"的试衣间,即便商场里人流如织,只试不买的却占了大多数,频繁试穿又使得样品变旧难以正常出售,老板们哀叹连连。

当然,专卖店也不甘心坐以待毙。不少代理商使出浑身解数对付抄号族,如将衣服的标牌都摘下来等顾客付钱购买再挂上,标牌特意不注明型号等,但收效甚微,抄号族们总有办法得到想要的信息。

不少消费者表示选择网上代购还有一个原因,是因为快递能够提供送货上门,而去商场买东西还要自己往回拎,便利的快递服务也变成了商场销售的天敌。

生活中点石成金的财务资讯

● 房价：到底还会涨吗？

○ 房子，中国人的痛

改革开放三十余年，中国房地产业从无到有、从小到大，以前所未有的发展速度迅速成为中国经济腾飞的有力推手。从房地产业增加值占第三产业增加值的比重看，1978年仅为9.15%，2010年提高到了12.9%；从房地产业增加值占国内生产总值（GDP）的比重看，1978年为2.19%，2009年上升到了5.47%。房地产业名副其实成为我国国民经济的一大产业。

伴随着房地产业的蓬勃发展，居民的居住条件也有了极大提高。根据住房和城乡建设部的统计，1978年全国城镇居民人均建筑面积仅为6.7平方米，比如今普通家庭的厕所大不了多少。而由北京大学中国社会科学调查中心发布的《2012中国民生发展报告》则显示，2011年全国人均住房面积达到了36.0平方米，面积增长了4.37倍！虽然该报告饱受争议，但有专家表示其数据并不离谱，所以姑且采用之。但让我们纠结的显然不是这个，谁会介意得到更好的居住条件呢？

紧随着如火如荼的房地产业崛起的，还有房子坐火箭般飙升的价格。从1991年到2010年，全国商品房的平均销售价格从786元/平方米上涨至5032元/平方米，价格增长了5.4倍，平均年复合增长率超过了10%！如今，中国上海的房价已经和日本东京齐平，而上海人的收入只有东京人的1/5。有人曾计算，如果将海南岛的房地产存量和开发商们囤积的120万平方千米地都建成房子，按照今天的价钱卖出去，换来的钱可以买下纽约曼哈顿！

房子甚至还成为了婚姻的通行证，"没有一套房，搞不定丈母娘"；大学生沦为"蚁族"，蜗居地下室身躺城中村；光鲜的都市白领也变成"房奴"，天天疲于偿还那长达几十年的银行贷款……与普通百姓形成鲜明对比的，则是房老板、炒房者们坐拥无数财富、奢侈享乐、一掷千金的情景。都是房子惹的祸！

1　喝茶聊天中的价格

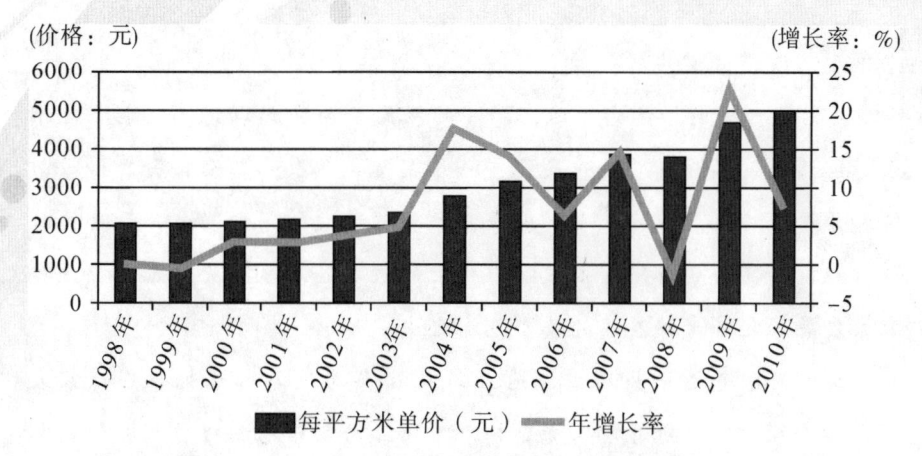

(价格：元)　　　　　　　　　　　　　　　　　　　(增长率：%)

图1-5　1998～2010年我国商品房平均销售价格

数据来源：《中国统计年鉴2011》

千年前，诗圣杜甫发出了"安得广厦千万间，大庇天下寒士俱欢颜"的呐喊；千年后，我们还在为"风雨不动安如山"的容身之所苦苦奔波。科技进步、文明繁荣、社会发展的今天，为什么我们还是买不起头顶那狭小的一片天？

究竟是谁，动了我们的房子？

◎ 中国房地产业的美丽与哀愁

新闻链接

预售制度遭遇空前质疑　房产改革迫在眉睫

2012年8月7日　来源：深圳商报

8月2日，一条"商品房预售制将取消"的消息在网络上盛传。尽管关于"取消商品房预售制"的传言迅速被澄清，但仍一石激起千层浪。实行十多年来，预售制度的弊端逐渐显现，这一中国房地产行业基本制度正遭遇空前的质疑。

最近的一项网络调查显示，75%的网民认为应该取消预售制。他们表示，预售制违背了"一手交钱，一手交货"的交易原则，引发诸多纠纷和矛盾。房地产业内人士则表示，预售制最大的问题就是其巨大的杠杆效应，开发商的有限资本发挥出巨大的乘数效应，导致房地产行业狂飙式发展，购房者被裹挟到楼市泡沫之中。

预售制存废之争凸显出房地产行业深层次改革的迫切性。专家表示，楼市预售制度对开发商资金补给、商品房供给有积极作用，但是随着楼市调控持续深入、房地产业结构调整加速，以预售制为代表的房地产行业深层次改革迫在眉睫。

多位专家表示，从长远来看，取消商品房预售、改期房销售为现房销售是大势所趋，不过从目前情况看，骤然取消预售制并不现实。

点评：今天的中国，遭遇诟病的不只是商品房预售制度，社会对整个房地产行业都提出了质疑。越来越多人要求改革，可是又有多少人清楚地知道需要改革的究竟是什么？系统地了解中国房地产的成长史，或许更能够让你拨开浮云、穿透迷雾，直击问题的本质。

历史的起步

中国房地产业的建立起源于城镇住房制度改革。

在改革开放前，中国是没有房地产业的。新中国成立后，我国一直实施的是"统一管理，统一分配，以租养房"的住房实物分配制度。城镇居民的住房主要由所在单位解决，各级政府和单位统一按照国家的基本建设投资计划进行住房建设，住房建设资金的来源是政府拨款加单位自筹。住房建好后，单位根据参加工作的时间长短、职务高低对职工论资排辈，以低于成本的租金分配给职工，住房成为一种福利。

这个颇有共产主义色彩制度的好处当然是人们不用操心住房问题，但其弊端也非常明显。据国家经贸委的资料表明，1992年到1994年国有企业每年在住房建设方面投入的费用平均约为1400亿元，再加上利息支出，每年国有企业住房总支出约为1600亿元。国家和企业因此背负了沉重的社会包袱，这不仅制约了企业自身的发展，也导致了住房建设缓慢，不能满足人民日益增长的居住需求。同时，居民的大量储蓄也不能转化为住房建设基金，资源有效配置成为空谈。另外，住房实物分配还妨碍了劳动力的自由流通。在实物分配的条件下，由于住房是不易分割的不动产，分到住房的职工，就相当于单位将今后工作年限的住房工资提前支付给该职工，如果职工要调离单位，单位有理由不同意其调离，除非退房；而没有分配到住房的职工，则由于未得到他应得的住房工资而不愿意调离。重重矛盾下，有人开始提出"住宅商品化"，并由此引发了一系列争论。

1979年，改革开放的总设计师邓小平同志提出了房改设想，中国住房改革的大幕也由此拉开。同年，住宅出售和组织私人建房的试点工作逐步实施。经过几年的探索，在1984年国务院《政府工作报告》中，我国政府对"房地产经营"作出了新的官方解释，这是国家首次以政府文件的形式为住房是商品正名，并确立了以住宅为主要内容的房地产业活动在我国的合法地位。紧接着，在1985年通过的第七个"五年计划"中明确指出要"积极推行城镇住宅商品化"，并"使建筑业成为我国国民经济的支柱产业。"至此，中国城镇住房改革全面展开，现代意义的房地产业在我国建立起来。

到了1994年，国务院《关于深化城镇住房制度改革的决定》文件中，正式提出把住房实物福利分配制度改为以按劳分配为主的货币工资分配，由职工直接到市场上购买住房获得房屋所有权，而货币工资分配主要包括三种形式：①职工工资中的住房消费含量；②住房公积金制度；③住房补贴。这样，国家将以前的"暗贴"

生活中点石成金的财务资讯

转为"明补"。1998年，国务院《关于进一步深化城镇住房制度改革　加快住房建设的通知》文件出台，决定自当年起停止住房实物分配，建立住房分配货币化、住房供给商品化、社会化的住房新体制。到2000年，住房实物分配制度被彻底废除。

行业的基石

城镇住房制度改革使得中国房地产业得以建立，而商品房预售制度为房地产业的快速发展奠定了基石。

由于商品房需求的普遍性和生产周期的长期性，当时正处于起步阶段的房地产企业普遍面临开发资金短缺的问题。于是在1994年7月，第八届全国人民代表大会常务委员会第八次会议通过了《中华人民共和国城市房地产管理法》。这部全面规范城市房地产开发的法律借鉴了香港的房地产开发模式，正式确立了商品房预售制度。

所谓商品房预售制度，就是我们通常说的"买期房"，指的是房地产开发商将正在建设中的商品房预先出售给消费者，并由购房者支付定金或者房价款。而按规定，只要完成工程总投入的25%以上，开发商就可以申请预售证。这相当于原本需要4块钱的投资，开发商只投了1块，而预售时收回的肯定超过了4块，更不论之前的那1块钱中有7毛都是找银行借的（这个后面会具体讲到）。

因此，商品房预售制度的确立立马收到了房地产开发商的五颗星好评，赢得满堂彩。它不仅成功地解决了房地产开发商先期工程建设资金不足的问题，提高了资金的使用效率，降低了资金的使用成本；同时还调低了房地产业门槛，使得越来越多的企业参与到商品房开发的大军中来，有效增加商品房供应，进而使整个房地产市场活跃起来。据统计，目前各主要城市商品房预售比例普遍在80%左右，部分城市甚至达90%以上。

当然，任何制度都不完美。首先，商品房预售制度给了一些房地产开发商钻营法律漏洞的机会，由此引发的违规经营并损害购房者合法利益的现象屡禁不止。由于购房者在支付全部价款时房屋还处于建设当中，如果建成后的现房与之前协议或广告中的约定出现差异，处于劣势的购房者只能被迫接受，或者承担毁约的责任拒绝收房；其次，开发商用购房者的钱去还了自己的银行贷款，而购房者却要承担资金的机会成本，这相当于开发商将风险转移给了社会；最后，由于商品房预售制度降低了房地产业的门槛，开发商的实力、品牌、技术等都不十分重要，项目成功的关键仅在于拿到便宜的土地和低息的银行贷款。所以，整个房地产业充斥着大量的中小房地产商，未能形成优胜劣汰的有效竞争机制。

不管怎么说，商品房预售制度的存在使得开发商从此"不差钱"。然而，光有钱还不行，缔造房地产业辉煌还需要其他政策的支持。

迅猛的发展

2003年8月，《国务院关于促进房地产市场持续健康发展的通知》正式出台。该文件提出要"采取有效措施加快普通商品住房发展，提高其在市场供应中的比例"，并首次明确"以商品房为主的"房地产业将成为国民经济的支柱产业。

这个文件的影响实在巨大，商品房市场就此迎来了迅猛发展。投资快速增长的同时，房价也大幅上涨，房地产的财富效应开始显现。越来越多的人发现房屋除了用来居住还可以投资，于是大量资金流入其中，从而也造成了房价开始第一轮的攀升。中国房地产经济在这一阶段取得长足进步，在国民经济中的地位日益巩固。而此时保障性住房建设也被迫让位给了飞速发展的商品房市场，各项建设指标裹足不前，这也为日后的矛盾埋下了隐患。期间，政府也意识到了房价泡沫的存在，但那些调控措施在有关人士看来只是小打小闹，隔靴搔痒。还没有等到相对有效的调控政策出台，2008年的金融危机就已经呼啸而来，中国房地产市场也从高速发展中缓和下来。

然而，房地产市场降温了，作为国民经济支柱的房地产业也跟着疲软了。这下不只是开发商愁、银行愁，连政府也愁起来了。这不仅因为房地产能够直接带动50余个行业的发展，解决千千万万农民工的就业，还关系到银行资金的安全与社会和谐稳定。用SOHO中国有限公司董事长潘石屹的话来讲，"救房地产，就是救中国

生活中点石成金的财务资讯

经济"。于是，2008年年底，政府放弃了之前的调控，陆续签发首付下调、利率优惠扩大、税费减免等鼓励政策，房地产市场再次开始活跃。2009年的商品房销售总额超过4.3万亿元，超过2007年、2008年两年的总和。房贷资金再次放宽，银行普遍施行首套房七折优惠利率，更多的居民开始进行房地产买卖。与此同时，国民经济中其他经济体正处于发展受限的困境，这也从侧面助长了银行的借贷资金流向房地产市场。

房价短时间的暴涨，造成一定程度上的全民恐慌性购房，而这又进一步抬升了房价。疯狂的房价与整体经济的配比严重失衡，投资的偏颇更使得原本就融资困难的中小制造业企业在破产边缘苦苦挣扎。后来愈演愈烈的"老板跑路潮"开始出现。同时，保障性住房建设一拖再拖，完全未能起到初始设计的效果，严重滞后于城市发展的需求。

从2009年下半年起，政府重新扛起了房地产调控的大旗，开始从开发保障性住房用地、规范土地出让价款、收紧贷款资金等环节加大调控力度。

○ 谁让房价这么高

新闻链接

房价太高　深圳人赴新加坡扫房

2011年7月4日　　来源：广州日报

在通货膨胀加剧、一线城市房价高企之下，不少有实力的中国公民选择了海外置业。赴新加坡、澳大利亚等地置业已经逐年成为国人青睐的购房方式，根据国际房地产顾问公司戴德梁行今年1月~3月的统计，中国买家首次成为新加坡房地产行业的最大海外买家。

对于航行时间仅3.5小时的新加坡，有实力的深圳人也参与其中。根据新加坡最大的房地产开发商远东机构统计，该公司的中国内地客户中，深圳几乎与京、沪三分天下。由于深圳优质教育资源又相对紧缺，

1 喝茶聊天中的价格

约5成的深圳买家是为了子女接受更好的教育而选择去新加坡置业。

另一个重要的原因是，高昂的深圳房价，使得深圳居民去其他任何国家置业都觉得很便宜，有人甚至调侃，"能在深圳关内买得起房子的人，在新加坡可以买到海景房，在美国则可以买超级大别墅。"

令人反思的是，尽管异地就学和置业总面临家庭两地分居的情感风险，但无论是接受采访的买家，抑或相关专家，均认为这是一种理性抉择。

点评：越来越多的中国人去外国买房，并且所有人都觉得此乃上佳之选，对此，我们感到的只有苦涩。为什么中国的房价这么高？在开发商、炒房团、银行和地方政府中究竟谁才是始作俑者？他们又在高昂房价的背后各自扮演了什么样的角色？或许下面的分析能够帮助你寻找到答案。

开发商的暴利

随着城镇住房改革的开启，1980年我国第一家房地产开发企业在深圳成立。到了2010年年底，全国房地产开发企业总数增长到85 218家，从业人员达到209.11万人。而据2010年8月30日的《第一财经日报》报道：中国营业收入最高的500家民营企业中，有221家企业有意在未来三年投资房地产行业，比例高达44%。是什么吸引了如此众多的企业和人员纷纷加入房地产行业？答案只有一个：非同一般的利润。

首先来区分清楚两个概念：房地产和建筑业。在许多人眼中，房地产和建筑业是同义词，说来说去不外乎都是房子那点事，其实不然。从定义上看，房地产业是房地产的开发、经营、管理与服务等一系列经济活动的总称，在国民经济产业分类

生活中点石成金的财务资讯

中属于第三产业，可细分为房地产开发经营、存量房地产买卖及租赁、房地产管理、房地产中介、物业管理等；而建筑业是物质生产部门，属于第二产业，还可以建设除房地产以外的其他东西，比如桥梁、铁路等。说白了，就是一个负责卖，一个负责盖。

目前，世界上房地产开发有两种模式：美国模式和香港模式。我们采用的就是后者。所谓"香港模式"，就是指房地产开发从投资买地、开发建设到营销销售、物业管理环节全部由一家开发商独立完成，这是一种以"全能开发商"为核心的开发模式。

在我国，一个房地产项目的运营流程通常是这样的：首先，一家房地产开发公司从政府手中获得了某块土地的土地使用权。然后，开发公司让勘探公司来勘探这块地的情况，请设计公司来绘制房屋图纸，再联系施工公司按照图纸来建造房子。与此同时，这个房地产项目的营销人员也开始了吆喝，预售制度的存在使得"热身成功"的房子很快便能够进入市场开始交易。而此时，开发商很可能已经收回了全部成本，甚至还有盈余。因为后续盖房子的钱是由施工方自己预先垫支的，包括建材费用和建筑工人的工资，暂时都不由开发商支付，等房子都卖完后，开发商才会和施工方结算。真正需要开发商自己掏腰包的就只有购地，但购买土地使用权也不是全额付款的。目前我国规定的开发商自有资金比例为30%，剩下的70%完全可以从银行贷款而来。

我们来为开发商算这样一笔账。一般地，建筑成本由三大块构成：土地费用、建筑安装工程费用和税费。假设某个项目的楼板价（土地价格除以建筑面积）为900元/平方米，建筑安装成本及大小配套成本为2100元/平方米，销售成本、营业税金、管理及其他成本为600元/平方米，那么税前成本合计为3600元/平方米，而销售均价可以定到5000元/平方米，扣除所得税350元/平方米，那么这个项目的净利润率为21%。注意，这个利润率已经远远高于其他行业的平均利润率。再来看房地产开发商本身，由于只需要准备30%的自用资金，那么通过银行借款的杠杆效应，其自有资金回报率可以高达70%。

1　喝茶聊天中的价格

除了这70%的利润，一些房地产开发商还尽其所能地通过合理避税、私自提高容积率、拖延施工方工程款等手段来疯狂积敛财富。

因此，作为中间商的房地产业，即便要钱没钱、要设计没设计，但通过"空手套白狼"仍能实现以小搏大，赚得盆满钵满。而创造的价值和就业机会都在房地产行业之上的建筑业，也只能沦落到给房地产业打工的地位。

当投资沦为投机

冰冻三尺非一日之寒，拔高房价非一人之功。开发商不是一个人在战斗，导致房价上涨的幕后推手还有著名的"温州炒房团"。1998年到2001年，温州的民间资本大量投入当地房地产，促使温州房地产价格以每年20%的速度递增，市区房价快速从2000元/平方米飙升到7000元/平方米以上。2001年8月18日，第一个温州购房团共157人浩浩荡荡开赴上海，三天买走了100多套房子，5000多万元现金砸向上海楼市。随后几年内，来自温州约2000亿元的资金投向各地房地产，其中北京、上海两地集中了约1000亿元。此外，温州资本还先后进入杭州、青岛、重庆、沈阳等城市，炒房团走到哪儿，哪儿的房价就翻番。

山西煤矿企业主们也把自己的主业重心由煤矿转移到房地产上。暂不论前些年以他们为主体的"山西炒房团"四处投资房产，2009年以后，山西省加速煤炭企业的兼并重组，根据政府产业规划，当地煤炭企业数量将从2200个压缩至100个左右，而按照相关政策，兼并重组的主体企业需要给予持有合法证照的民营煤老板们一定的经济补偿，以弥补其资产和资源的损失。据市场人士估计，在这场大整合中，煤老板们得到的行业退出补偿资金高达上千亿元。这天量的资金往哪儿去？楼市变成了众望所归的选择。

而普通老百姓此时也着急了。房子是安身立命之所，是很多家庭一辈子的财富。中国人注重居家置业在世界上是出了名的，眼瞧着周围的人一个个都加入了买房的大军，自己怎么还能按捺得住？开发商们也竭力鼓吹：楼市回暖了，此乃刚需（刚性需求）低价购房的最后机会；楼市降温了，现在出手是王道。总而言之，"现在

生活中点石成金的财务资讯

不买房,后悔几十年",钱放哪儿都不保险,还不如买房。没房的要买房,有房的还是要买房。这背后,折射的是普通老百姓缺乏有效的投资渠道,更反映了他们对未来种种不确定性的担忧。

另外,我们还要注意到这背后隐藏的一个狠角色,它就是神秘的"热钱"。热钱又叫游资,指的是短期投机性资本。资本天生具有逐利的属性,而热钱更是为追求高回报而在市场上迅速流动,寻找一切有利可图的途径。2008年金融危机后,美国为了恢复本国经济,连续使用量化宽松政策,零利率的刺激使得大量投机性资本外逃。依靠美元的国际货币地位,美国把本国内的通货膨胀转移到全球。与此同时,中国在这场金融危机中顽强地挺了过来,中国的房地产业甚至还有利可图,再加上人民币的升值预期,让热钱纷纷瞄准了这块肥肉。中国社科院2008年发表报告指出,在一定的经济学模型假设下,中国资本市场上的热钱已高达1.75万亿美元。

所有的资金都争先恐后地进入房地产业,而最需要融资的制造业却得不到必要的帮助,这不仅会导致实体经济的日益萎缩,使制造业逐渐丧失竞争力,更可能酿下恶果,造成产业空心化的局面。

2010年,互联网上爆出一个惊人的数据:中国660多个城市中连续6个月以上电表读数为零的空置房高达6540万套,按照每套房3口人计算,这些空置的房屋可供近2亿人居住!这引发了专家、学者和网友们沸沸扬扬的讨论。一时间,房屋空置率得到广泛关注。

有限的土地供给

继续深入讨论房子的价格,我们还得提到房子所依附的土地。

土地问题贯穿了整个人类社会,而土地关系则是中国社会变革的核心问题。我国宪法明确规定:我国城市的土地归国家所有,农村的土地归集体所有。但同是土地公有制,这二者却并非同地、同权、同价。

根据全国政协委员蔡继明的归纳:国有土地使用权可以转让、抵押、出租给任何合法的经济主体（包括国有企业、非公有制企业以及外资企业），而集体土地使用权只能首先在集体成员内部初始配置，不仅宅基地（农村的农户或个人用作住宅基地而占有、利用本集体所有的土地）使用权不能抵押和转让给集体成员，农地的承包权亦不能抵押，其流转也受到一定限制。另外，任何个人和单位从事建设，必须申请使用国有建设用地。农用土地要转变为城市建设用地，首先要通过政府征收转变为国有土地。农村集体的土地即使已经由政府有关部门确定为建设用地，如果要用于农民自住房、村办企业以及公共设施以外的建设，也必须首先被政府征收为国有土地。农民在自己的宅基地上以及村民集体在集体建设用地上建设的住房只能卖给本村居民，如果卖给外村特别是城市居民，则被视为小产权房，不受法律保护。

这一连串的规定，正是传说中的"城乡二元土地制度"。在这样的制度下，我国的土地供给受到了多方限制。

一方面，城市建设用地被限定在了一个狭小的范围内。据统计，现有城市建设用地仅占全国土地总面积的0.33%。与此同时，我们还拥有占全国土地总面积28%的未利用地和2.67%的农村集体建设用地，而这些都不能直接加以利用。物以稀为贵，那一小部分土地被反复炒来炒去，价格不高才怪。

另一方面，城市建设用地要增加，主要是通过农地征用的方式实现，这从源头上限定了土地只能从农村向城市单向流转。历经层层审批，穿越重重考验，农用土地才能转化为城市建设用地，土地所有权市场的垄断格局就是这么形成的。

除此以外，2002年我国政府叫停了20世纪90年代的土地协议出让方式，并规定商业、旅游、娱乐和商品住宅等各类经营性土地一律采用"招拍挂"制度。所谓"招拍挂"，是国家土地资源出让及买卖的招标、拍卖、挂牌的简称。由于土地具有稀缺性和不可替代性，通过这种价高者得的竞价方式，土地出让最大限度地拉高了价格。随着"招拍挂"政策的出台，土地成交价格一次比一次惊人，而操作"招拍挂"的正是下面要讲的地方政府。

生活中点石成金的财务资讯

"被绑架"的地方政府

20世纪80年代末到90年代初，财政包干制度使得我国中央财政陷入了严重危机，而财力的薄弱使得那些需要国家财政投入的国防、基础研究和各方面必需的建设资金严重匮乏。于是，1993年12月国务院颁布了《关于实行分税制财政管理体制的决定》，决定自1994年起，改财政包干制为分税制，重新划分中央财政与地方财政的分配关系。用启动这场改革的前财政部部长刘仲藜的话来讲，这是"新中国成立以来涉及范围最大、调整力度最强、影响最为深远的一次财税改革"。而正是这场改革，害苦了地方政府。

所谓的分税制，就是把税收分为国税和地税，上级政府拿走一部分，地方自己留一部分。众所周知，中国有三大税种：增值税、企业所得税以及营业税，其总额占全部税收的60%～70%。对于增值税，中央拿走75%，省级留下10%；对于企业所得税，中央拿走60%，省级分掉20%，剩下的市、区、县各级政府即使下最大的力气发展产业，也只能从税收中分得不到20%的收益。如果再加上相应的企业经营和破产风险，地方政府兴办工业企业的积极性自然备受打击。

那么，地方政府的钱从哪儿来？想要增长税收收入，就只能依靠地方基本独享的营业税。需要说明的是，营业税主要对建筑业和第三产业征收，其中建筑业又是营业税的第一大户。另外，为了缓解地方财政困境，1995年中央政府又出台了新政策，规定地方出让土地所得的土地出让金90%归地方所有，这更使得地方政府积极发展房地产业，大规模城市建设的驱动力也由此产生。据统计，2010年全国财政收入超过8万亿元，比上一年增长21.3%，其中土地出让金高达2.7万亿元，同比增加70.4%。至于地方政府，土地出让金占到了地方财政预算外收入的60%以上，个别市县更是达到90%左右，甚至部分城市出现了土地出让金远高于财政预算内收入的状况。

以杭州市拱墅区为例，该区2010年财政总收入是58亿元，除去上交中央29亿元，上交省、市两级共16亿元，区一级可用财政为13亿元。13亿元对于一个区来说只能算是杯水车薪。2009年，拱墅区政府通过土地出让收益并投入城市化建设的资金就达到了130亿元。现在，这个曾被称为"杭州棚户区"的地方已经几乎看不到昔日破旧的影子，这或许能在一定程度上安慰饱受直追上海房价之苦的杭州市民吧。

土地所有权归国家所有，土地使用权的交易归政府管制，再加上地方政府又有增加土地出让金的动机，于是，通过控制土地供给数量来调高土地价格就顺理成章了。虽然说地价上涨是房地产市场发展的必然规律，但政府的垄断行为完全控制了土地价格的大幅波动和回调，哪怕这种情况仍然是市场正常供需作用下的结果。

"骑虎难下"的银行

1984年9月，国务院《关于改革建筑业和基本建设管理体制若干问题的暂行规定》在有关"建立城市综合开发公司，对城市土地、房屋实行综合开发"的工作布置中，提出"所需周转资金，由建设银行贷款"。于是从1985年起，建设银行正式开设了土地开发和商品房贷款业务。

我们都知道，资金链是房地产业的命脉，但是现实情况是房地产企业似乎扣住了银行的命门。华远地产董事长任志强甚至在"2008博鳌房地产论坛"年会上放出豪言："现金问题不会让地产商死掉，要死也是银行比地产商先死。"

这其中的逻辑又是什么呢？

2008年，美国次贷危机爆发，酿成国际金融海啸席卷全球，造成了巨大的财富蒸发，其罪魁祸首，便是美国房地产抵押贷款市场危机。前面说到，开发商购买土地的70%资金源于银行，而施工方买材料招工人、普通老百姓买房子，其中所需的钱也大多来自银行贷款。就这样，银行为两方都垫支了资金。另外，地方政府普遍以土地为抵押向银行融资，其杠杆率（即贷款额相对于抵押物价值的放大倍数）可以高达5倍到10倍之多。一旦房地产泡沫破裂，开发商现金流就会出现问题，还不起贷款，付不了施工方工程款。银行手中作为抵押物的土地也会相应贬值，以地方债务的规模之巨，整个金融系统都可能瘫痪。

生活中点石成金的财务资讯

表1-1　2007年四家银行贷款总额中房地产相关直接贷款比例

	房地产业	建筑业	个人住房贷款	合计
中国银行	11.69%	2.14%	20.25%	34.08%
工商银行	10.40%	N/A	13.12%	23.52%
建设银行	9.71%	3.10%	17.70%	30.51%
交通银行	7.03%	4.44%	12.63%	24.10%

数据来源：根据各家银行年报整理

中国人的存款储蓄率高得惊人，存在银行的都是老百姓的血汗钱。但房地产对于银行的重要性不言而喻，面对开发商的妄言，银行也只有打落牙齿往肚里吞，落得个骑虎难下的结局。

○ 宏观调控有用吗？

新闻链接

房价涨势凶猛　楼市淡季不淡倒逼出台调控新政

2012年8月16日　来源：国际金融报

2012年6月以来，全国房价环比两月上涨。8月本是房地产淡季，如今却"淡季不淡"。

据广州市国土房管局发布的2012年7月广州市10区房地产市场运行情况的通报数据显示，7月广州全市10区新建商品住宅网上签约面积为79.67万平方米，同比增加104.5%，环比增加22.9%；而一手房网上签约均价为14 305元/平方米，同比上涨8.2%，环比上涨4.2%，创下了近两年广州一手房房价新高。

上海情况同样不容乐观。2012年8月2日，国务院督察组完成督察，对上海房地产调控给予了充分肯定，并希望上海能够继续严格执行楼市调控，确保实现全年新建住房价格稳中有降的目标。然而，表扬声刚落，日前就有媒体报道称，上海一些新开楼盘价格出现一定程度的上涨。同时，在上海各个区域，部分典型楼盘报价较前期出现不同程度上涨。

对此，某业内人士向媒体表示，当前房价面临重新上涨的动力，如果不出台新的调控政策，下半年房价必涨无疑。调控的内容可能以强化限购、限贷、限价等旧政的执行为主，同时推出少量更有针对性的新政策，增加抑制投资投机性购房需求的砝码。

点评：在现代经济的发展中，市场一直自发地调节着需求和供给，因此被誉为"看不见的手"，但这只"看不见的手"也有触不到的地方。为了弥补其缺陷，政府亲身上阵引导，这种有目的、有途径的调节被人们称为"看得见的手"。面对这几年房地产市场的失控状况，我们的政府想了很多对策，然而越是调控，房价就越是上涨。是调控政策不给力？还是房价太过顽强？

相关房地产政策梳理

表1-2　　2010年~2012年上半年我国房地产调控政策归纳

政策发布时间	发布机构及政策名称	政策要点
2010.3.18	国资委新闻发布会	除16家以房地产为主业的中央企业外，还有78家不以房地产为主业的中央企业正在加快进行调整重组，在完成企业自有土地开发和已实施项目等阶段性工作后要退出房地产业务。

生活中点石成金的财务资讯

表1-2(续)

政策发布时间	发布机构及政策名称	政策要点
2010.4.17	《国务院关于坚决遏制部分城市房价过快上涨的通知》(新国十条)	①对购买首套自住房且套型建筑面积在90平方米以上的家庭(包括借款人、配偶及未成年子女,下同),贷款首付款比例不得低于30%;②对贷款购买第二套住房的家庭,贷款首付款比例不得低于50%,贷款利率不得低于基准利率的1.1倍;③商品住房价格过高、上涨过快、供应紧张的地区,暂停发放购买第三套及以上住房贷款;④对不能提供1年以上当地纳税证明或社会保险缴纳证明的非本地居民暂停发放购买住房贷款。
2010.4.19	住建部《关于进一步加强房地产市场监管完善商品住房预售制度有关问题的通知》	①严格实行购房实名制,认购后不得擅自更改购房者姓名;②今后未取得预售许可的商品住房项目,房地产开发企业不得以认购、预订、排号、发放VIP卡等方式向买受人收取或变相收取定金、预定款等性质的费用。
2010.6.4	住建部、人民银行及银监会《关于规范商业个人住房贷款中二套住房认定标准通知》	商业性个人住房贷款中居民家庭住房套数,应依据拟购房家庭(包括借款人、配偶及未成年子女)成员名下实际拥有的成套住房数量进行认定。
2010.9.27	国土部、住建部《关于进一步加强房地产用地和建设管理调控的通知》	要求进一步加强房地产用地和建设的管理调控,积极促进房地产市场继续向好发展,闲置土地1年以上禁止拿地。
2010.11.3	住建部、财政部、人民银行、银监会《关于规范住房公积金个人住房贷款政策有关问题的通知》	全面叫停第三套住房公积金贷款,并将第二套住房公积金个人住房贷款首付提至五成。

表1-2(续)

政策发布时间	发布机构及政策名称	政策要点
2011.1.26	《国务院办公厅关于进一步做好房地产市场调控工作有关问题的通知》（新国八条）	①进一步落实地方政府责任，首次要求地方政府制定房价调控目标；②对贷款购买第二套住房的家庭，首付款比例不低于60%，贷款利率不低于基准利率的1.1倍；③调整个人转让住房营业税政策，对个人购买住房不足5年转手交易的，统一按销售收入全额征税；④原则上对已有1套住房的当地户籍居民家庭、能够提供当地一定年限纳税证明或社会保险缴纳证明的非当地户籍居民家庭，限购1套住房；⑤对已拥有2套及以上住房的当地户籍居民家庭、拥有1套及以上住房的非当地户籍居民家庭、无法提供一定年限当地纳税证明或社会保险缴纳证明的非当地户籍居民家庭，暂停在本行政区域内向其售房。
2011.1.27	财政部、国家税务总局《关于调整个人住房转让营业税政策的通知》	①个人将购买不足5年的住房对外销售的，全额征收营业税；②个人将购买超过5年（含5年）的非普通住房对外销售的，按照其销售收入减去购买房屋的价款后的差额征收营业税；③个人将购买超过5年（含5年）的普通住房对外销售的，免征营业税。
2011.3.16	发改委《商品房销售明码标价规定》	商品房销售要实行一套一标价，并明确公示代收代办收费和物业服务收费，商品房经营者不得在标价之外加收任何未标明的费用。
2011.7.12	《关于国务院常务会议研究部署加强房地产市场调控的通知》（新国五条）	已实施住房限购措施的城市要继续严格执行相关政策，房价上涨过快的二三线城市也要采取必要的限购措施。

表1-2(续)

政策发布时间	发布机构及政策名称	政策要点
2011.8.17	住建部《关于二、三线城市限购标准的通知》	符合下列两条以上条件的城市，建议列入新增限购城市名单：①6月份国家统计局新建住房价格指数同比增幅或1至6月新建住房价格指数月环比增幅较高、排名靠前的；②6月份新建商品住房均价比去年年底涨幅超过或者接近全年房价控制目标的；③1至6月新建商品住房成交量同比增幅较高的；④位于限购区域中心城市周边，外地购房比例较高的；⑤存在房价上涨过快、调控政策执行不严格等突出问题，社会反映强烈的。
2011.10.11	首例地方放松楼市调控被叫停	广东佛山市发布公告，10月12日起放松限购政策。该政策被中央政府连夜叫停。
2011.12.21	国土部《闲置土地处置办法》修订草案征求意见稿	草案规定开发商土地闲置满两年的，将无偿收回土地使用权。此外，如果开发商被仍定为"囤地"，在该土地未处置完毕前，开发商将不允许再拿地。
2012.1.10	住建部部长表示40城住房信息将联网	40个重点城市个人住房信息系统今年上半年要实现与住建部联网。这些城市主要是东部和中部地区的一线城市、省会城市和房地产调控的热点城市，西部地区城市相对较少。
2012.2	中央连续叫停地方松动楼市调控	2月9日，安徽芜湖发布新政，为购买普通商品房的居民提供补贴，由于没有定义普通住宅是否为首套，坚持三天后被叫暂停；2月28日，上海"居住满三年后可够二套房"政策被叫停。
2012.2.14	住建部《关于进一步加强住房公积金监管工作的通知》	要求加强对住房公积金的监管，重点检查"骗提骗贷"等资金情况。
2012.2.29	国土部：2012将开展试点小产权房清理	各地对农村集体土地进行确权登记发证，对"小产权房"违法用地不予确权登记发证。同时对小产权房问题开展试点清理工作，为启动全面清理"小产权房"做好制度和政策储备。

表1-2(续)

政策发布时间	发布机构及政策名称	政策要点
2012.3.30	国土部《关于做好2012年房地产用地管理和调控重点工作的通知》	通知再次强调"不得以任何形式安排别墅类用地。"这意味着目前在售别墅将成最后的晚餐。随着土地管理趋紧，别墅或将逐渐退出一手市场。

数据来源：政府各部门网站

2009年，在宽松的信贷政策下，当年我国主要大中城市房价大幅飙升，全国一手商品房住宅的平均价格同比上升25.1%，为中国自1998年进行住房体制改革以来房价升幅最大的一年。面对高房价，中央政府又重新采取了严格的调控措施。在这场剧烈的震荡之中，房地产市场和人们的购房心理都经受了一次大洗礼。

2010年全国房地长市场量价齐升，整体仍然维持向上趋势。全年房地产开发投资48 267亿元，比上年增长33.2%，其中商品住宅投资34 038亿元，比上年增长32.9%，占房地产开发投资的70.5%；商品房销售面积10.43亿平方米，比上年增长10.1%；商品房销售额52 500亿元，比上年增长18.3%，其中商品住宅销售额增长14.4%。具体来说，一线城市等房地产市场发展较快的城市受调控影响较大，市场成交量下降明显；而二、三线城市等房地产市场发展落后的城市则受政策影响较小，尽管房价增速放缓，但依旧延续了2009年的发展势头，市场成交量再创新高，这也是我们在2010年最直观的感受。市场在调控中不断出现分化，也使得宏观调控的难度不断加强。人们甚至收获到一种错觉，似乎这个房价越是调控，越是上涨！与此同时，虽然中央政府不断在调控，但开发商拿地的热情却并未退却。从全国十大城市的土地成交情况来看，除广州、杭州和沈阳外，其余七个城市土地出让金均保持同比正增长。其中，北京、上海土地出让金超过1000亿元，而武汉甚至出现成倍增长态势。特别是步入当年年终，未完成供地计划的城市加大推进力度，土地市场再度异常火热。

2011年的房地产市场调控可以看作是2010年调控的延续和升华。这一年，中

生活中点石成金的财务资讯

央升级调控力度,限购程度继续加深、范围不断扩大,二三线城市限购政策纷纷出台,各地方政府制定年度房价控制目标,实行考核问责制,差别化信贷更加严厉。从全国来看,1月~11月房地产开发投资和新开工面积增速分别为29.9%和20.5%,在2010年增速接近40%的历史高位上持续回落;商品房需求在2010年的高位基础上继续增长,1月~11月销售面积和销售额分别同比增长8.5%和16.0%,增速比2010年全年略有下降。与此同时,前期调控效果开始显现:实施限购城市的投机性需求基本得到抑制,房价上涨过快的势头得到遏制,土地出让总量略有增长,出让金总额基本持平,住宅用地量价持续下降。但是这些调控效果仍未能使人满意,部分城市房价过高的状况还未改变,促使房价反弹的因素依然存在。值得注意的是,在年末的经济工作会议上,中央把调控目标由"遏制房价过快上涨"明确为"促进房价合理回归",房价受到"遏制"不是最终目的,房价"合理回归"才是真正意图。

进入2012年后,宏观政策的方向转为了"有保有控"。通常来说,住房需求主要包括投资增值需求、自住性需求、改善性需求、养老需求及结婚需求等。在前几年的"一刀切"调控中,虽然投资投机需求得到了打压,但真正需要购买住房的家庭也受到了不小的冲击和影响。在总结经验的基础上,中央政府一方面坚定不移地巩固前期调控成果,继续坚决抑制不合理需求,促进房地产市场健康发展。另一方面,中央政府积极支持和保护自主性合理需求,促进市场活跃。全国多个城市通过公积金贷款额度调整、首次置业水费减免等方式鼓励自主性需求,特别是对于前期误伤的刚性需求重新给予保护;四大行首套房贷款利率全部降至基准;发改委、住建部等多部委均表示要完善首套房优惠措施、支持首套房贷款需求。

在这些政策的综合影响下,2012年上半年的房地产供求矛盾有所缓和,不合理需求受到抑制,刚性需求成为需求主体。但进入第三季度后,部分热点城市住宅成交价有所反弹,引起了人们的高度警觉。据国家统计局公布的2012年7月70个大中城市住宅销售价格变动情况,70个大中城市中新建商品住宅价格环比上涨的城市达50个,而2012年6月份这一数据仅为25个,仅7月份上涨城市个数就超过了前六个月之和。

交锋的重点

1. 房产税

房产税是以房屋为征税对象，按房价或出租租金收入征收的税种，本质上是一种财产税。当前我国的税收主体税种包括增值税、营业税、印花税等各种交易税与所得税，它们都是基于财富增值或者所有权人变更收的税，换句话说，财富不增值、所有权人不变更就不需要交税。而财产税不同，财产税是一种只要持有财产就要交税的税种。房产税古来有之，周期的"廛布"，唐朝的"间架税"，清朝初期的"市廛输钞"、"计檩输钞"，清末和民国时期的"房捐"等，都是对房屋征税。新中国成立后，1950年1月政务院公布《全国税政实施要则》，规定全国统一征收房产税。1986年9月15日，国务院发布《中华人民共和国房产税暂行条例》，规定个人所有非营业用的房产免征房产税。

2011年1月27日，上海、重庆等地开始实施房产税改革试点。上海规定：其房产税征收对象是本市居民家庭在本市新购且属于该居民家庭第二套及以上的住房（包括新购的二手房和新建商品住房）和非本市居民家庭在本市新购的住房，适用税率暂定为0.6%。而重庆规定：对于房价达到当地均价两倍至三倍的房产，将按房产价值的0.5%征税；对于房价达到当地均价三倍至四倍的房产，将按房产价值的1%征税；对于房价达到当地均价四倍以上的房产，按1.2%的税率征税。这标志着中国房产税改革进入了实际操作阶段。

目前的房价反弹，又把房产税重新推回了风口浪尖。人们都在猜测，房产税会不会替代限购令，成为下一轮房价调控的新方向。从发达国家的经验来看，无论从完善税制的角度还是促进房地产价格稳定的角度，开征房产税都是大势所趋。国家"十二五"规划中明确提出要扩大房产税的试点；2012年两会政府工作报告中更是明确提出"改革房地产税收制度"；财政预算报告也指出，要稳步推进房产税改革试点；个人住房信息系统建设也加速进行。种种政策都在预示着一个结果——房产

生活中点石成金的财务资讯

税大范围推广已经"箭在弦上"。

　　房产税其实是很难征收的。一方面，房产税作为一种财产税，其性质就注定了它的特殊性。每个人都有动机去隐瞒自己的财产来逃避税收，所以住房信息系统联网非常重要，它能够促使房地产市场透明化、公开化。另一方面，征收范围、税率、时间的确定，房产价值的评估，这些都是棘手问题。例如在前述重庆的房产税方案中，最大的问题在于高档房的界定；而上海的方案只针对新增房地产，这就意味着存量不管，以往拥有数套房产的人将成为最大的受益者，这对新的购房人（他们可能正好是房屋的真正需求者）而言，加重了负担，会造成明显的社会不公。又例如，上海设定的房产税率仅为 0.6%，远低于上海房地产价格的上涨比例，对抑制房地产投机并无实质意义，房价肯定还会继续上涨。

　　因此，就短期而言，房产税试点并不会对房价直接产生巨大的影响。但是从长远来看，完善房产税制度，有利于正确引导住房消费，有效配置房地产资源。另外，房产税的出现，还能够增加地方政府的稳定收入，这在一定程度上可以解决地方财政依赖土地出让金的情况，降低地方政府高价卖地的意愿。根据中国指数研究院的相关统计，2012 年上半年各地土地出让金收入明显下降，全国 300 个城市土地出让金总额 6 525.98 亿元，较上一年同期 10 598.24 亿元下降 38%，其中北京、上海、广州土地出让金同比降幅都在 4 成以上。

　　2. 小产权房

　　"小产权房"不是法律上的概念，而是人们在社会实践中形成的一种约定俗成的称谓。简单来说，国家发给产权证的叫"大产权房"，国家不发产权证的叫"小产权房"。后者包括两种：一种是在农村集体建设用地上建成的，即"宅基地"上建成的房子，只属于该农村的集体所有者，外村农民根本不能够购买；另一种是在集体企业用地上建成或者占用耕地违法建成的。2011 年 11 月，国土资源部发布《关于农村集体土地确权登记发证的若干意见》，明确指出对于小产权房不得登记发证，强调其实质为违法建筑，集体土地不得用于商品住宅开发，城镇居民不得到农村购买宅基地、农民住宅或小产权房。

1 喝茶聊天中的价格

由于小产权房只具备了普通商品房的使用性质，不具备普通商品房的法律性质，所以法律法规关于商品房的相关规定和制度对小产权房是无效的，人民法院也不能适用商品房买卖的法律规定及司法解释处理涉及小产权房的案件，因此小产权房购房人的权益很难得到维护。但是和一般意义上的商品房相比，小产权房不需要缴纳类似开发商为获取土地交给政府的土地使用权出让金，也没有开发商疯狂的利润攫取，又省去了基础设施配套费等市政建设费用。所以，小产权房的价格一般仅是同地区商品房价格的1/3甚至更低。廉价是大量城镇居民顶着风险购买小产权房的根本原因。

根据全国工商联房地产商会的统计数据，1995年到2010年，全国小产权房竣工建筑面积累计达到7.6亿平方米，相当于同期城镇住宅竣工面积总量的8%。更有非官方统计数据显示，中国目前小产权房建设面积达60多亿平方米，相当于中国房地产业近十年来的开发总量。此前小产权房以违规建筑之名被强行拆除的新闻屡屡见诸报端，但面对如此巨大数量的小产权房，全部剿灭所花费的人力物力将是十分巨大的。人们普遍认为，小产权房可以成为农民分享城市化发展成果的重要途径，同时又在一定程度上解决了城镇中低收入阶层的居住需求。因此对于小产权房的未来，即使政府坚决认为其属于非法产物，仍有部分学者乃至有超过七成的网友赞成通过某种条件（如补缴土地出让金）让小产权房"转正"。

就是这样一个老大难问题，政府年年都说要治理，但最终都不了了之。2012年3月26日，国土部在其官网上公布了关于小产权房处理的新思路：先清理后治理。其中，"在建和未售、侵占耕地的小产权房"是主要的清理对象，其目的在于"杜绝小产权房继续发展"。而其后的治理工作，则主要针对已售的存量"小产权房"。虽然国土部尚未拿出详细具体的治理方案，但这个思路还是有效遏止了小产权房队伍的再扩容。希望在不久的将来，中央能够在不伤害农民利益的前提下切切实实地妥善解决这个问题。

3. 土地所有权改革

从前面的分析中，我们知道了地方政府对于土地的有限供应是导致房价高昂的

生活中点石成金的财务资讯

重要原因之一。近年来，不少学者专家都建议改革土地所有制，废除城乡二元土地制度。具体意见包括允许农村集体建设用地进入市场和国有建设用地同地同权同价，允许农村集体宅基地的使用权自由转让、抵押和出租等。

可以预想，如果改革成果，将带来多么巨大的影响。

一方面，它将打破地方政府土地垄断供应的现状。供给上去了，价格自然也就下来了。当然，地方政府土地出让金收入肯定会急剧下降，用房产税的征收来弥补或许是一个办法。

另一方面，它能够增加农民的收入。目前，工业化、城市化进程中凡是需要占用农村集体土地的，无论是否出于公共利益的需要，一律采取政府征收的形式将土地变成国家所有，而政府对被征地农民的补偿，完全是单方面垄断定价，其水平远远低于被征地的真实价值或机会成本，二者的差额被地方政府攫取。为了已经进城的将近两亿的农民工可以买得起或者租得起房子，很多人都相信实施土地所有权改革是未来中国经济增长非常重要的改革措施。

不过改革必然会损害既得利益者的利益，怎么改也是个问题。张维迎教授曾说过这样一个寓言：一个村庄原来主要依靠马来干活，过了一段时间后，村长发现邻村依靠斑马干活效果更好，所以想把村里的马换成斑马，但遭到大部分村民的反对。村长想了一个办法，晚上等村民们入睡之后，在一些马的背上涂了一些白道道。第二天，村民们质问村长为什么给把他们的马换成了斑马，村长解释说没有的事，马还是原来的马，自己只是给马涂了颜色而已。村民仔细一看，确实如此，也就没有当一回事。村长于是每天晚上继续做同样的事情，村民也就渐渐习惯了。直到有一天，村民突然发现，他们原来的马都被村长换成真的斑马了，但确实比以前的马更好，他们也就认可了。我们曾经的价格改革和国企改革，都是把马换成假斑马，再换成真斑马的过程，这对我们未来的土地改革，也是一个很好的启示。

1 喝茶聊天中的价格

◎ 中国式房价的未来

新闻链结

楼市评论：茅台公寓和五粮液城

2012年3月29日　来源：扬子晚报

茅台、五粮液，相信这两个名字你一定不会陌生，那么，茅台公寓、五粮液城呢？不要觉得不可思议，过不了几年，由这两个中国高端白酒品牌所打造的房子就会拔地而起。

近日有消息传出，茅台已经通过贵州茅台酒厂（集团）对外投资合作管理有限责任公司收购了一家房地产公司，并且已经开始储备土地，打算进军房地产市场。这也是继2011年5月白酒龙头企业五粮液进军房地产业后，又一高端白酒企业进军房地产。

在房地产市场火爆的时代，大家打破脑袋想往这个行业钻，外行搞房地产、外来人搞房地产、外来资金介入房地产的"三外"现象可谓屡见不鲜。但是世易时移，经历了近两年的持续调控，眼下的房地产行业正面临着史无前例的"寒冬"，房企高增长、高利润的时代也行将结束。近期，多家上市房企公布了2011年财务报表，从利润情况来看，多数房地产公司的毛利率和净利率同比双双下滑。

在这样的背景下，茅台、五粮液等品牌逆市进军房地产的举动显得似乎有些不合时宜，"钱多得花不完"、"茅台进军房地产凶多吉少"等质疑、否定的声音不绝于耳。

且不论茅台此时涉足房地产的真正原因是什么，对于其未来的前景，笔者却认为未必像有些人认为的那么悲观。尽管市场步入寒冬，但在城镇化的大背景下，遭遇调控的房地产行业未来依然大有可为，而楼市的调整却为资金充裕的企业提供了"抄底"的机遇。

生活中点石成金的财务资讯

> 点评：过去的十年，中国房地产价格飞速上涨。对于未来房价会如何发展，大家则众说纷纭。有人相信，未来的房价还会一路上扬，现在正是低价进入的好时机；又有人认为，房价将长期徘徊，涨或跌的可能性都不是很大；还有人说，大家赶紧把房子卖了，房价即将崩溃！事实究竟会怎么样？或许，我们可以通过中国房地产业的发展来推测一二。

房地产还能火多少年？

俗话说，三十年河东三十年河西，房地产业也是如此。那么，中国的房地产业究竟还能火多少年？对于这个问题，还得从人口和城市化谈起。

人口是房地产业的基础，一个国家的住房需求量是根据这个国家的人口数量、年龄结构和家庭分裂速度决定的。通常我们把 25～49 岁的男女纳入适龄购房人口行列。前面提到，我国住房需求主要包括投资增值需求、自住性需求、改善性需求、养老需求及结婚需求等，其中最刚性需求部分来自于结婚需求。1991 年～2009 年近二十年间，中国的适龄购房人口总数由 3.45 亿增长到 4.65 亿，增幅为 34.8%。同时，由人口年龄结构决定的历年结婚登记数从 885 万对增加到 1146 万对，年均新增 26 万对。另外，由于生活观念的逐步转变，两人户和三人户的家庭规模一直处于上升的趋势，并且成为主要的家庭模式。据历次人口普查，中国的家庭人口平均数已从 1990 年的 3.96 人/户下降到了 2010 年的 3.10 人/户，现在仍处于不断下降中。这些都为我国房地产市场创造了巨大的刚性需求。据统计，近年来住宅竣工套数与结婚登记数比例维持在 40% 左右，适龄购房人口总量与房地产市场走势呈正相关关系。

另外，我国城市化的高速运作也为房地产市场的发展添砖加瓦。在这场有史以来规模最大的城市化运动中，中国每年新建的房屋面积可以达到世界总量的 50%。2009 年我国的城市化率为 46.59%，根据国家"十二五"规划，预计到 2015 年我

1 喝茶聊天中的价格

国城市化率将达到52%，到2030年将达到65%左右。并且，中央政府从发展战略上进一步把中小城市作为中国城镇化发展的重点。从国际经验来看，当城市化率超过50%时，将是一个国家发展的关键阶段，这个阶段由城市化创造的巨大内需将占主导地位。因此，未来的十余年内，国内中小城市将成为提升城市化质量、推进城市化发展的主要战场。从2011年重点监测企业新增土地储备分布情况来看，众多的房地产企业也把眼光投向了二三线城市，在这些城市的土地储备布局显著增加。独立经济学家谢国忠就在2012年接受媒体采访时预测，成都和长沙最有可能变身为一线城市。而据国务院发展研究中心巴曙松研究员分析，下一个十年中国城市化人口增长与分布的驱动力将来自城市群的重新布局与两亿农民工的流动。随着中国经济区域增长格局调整，制造业内迁和城市化将吸引更多的流动人口向该区域转移，从而使中西部地区及二三线城市成为中国房地产市场新的增长点。

但是，这首由适龄购房人口增长和城市化进程发展谱成的高歌总有曲终的那一天。

据多家机构统计，中国首次置业人口红利的拐点将出现在2013年，此后新增首次置业人口数量将迅速下降。由于中国人口老龄化速度加快，预计到2030年，中国60岁以上人口的比例将会上升到22%。如果一个社会的适龄购房人口总数持续减少，老龄化特征逐步显现，将会对商品住宅市场产生很大影响。例如20世纪50年代以来，在近些年经历过房价暴涨的一些国家（譬如美国、英国、澳大利亚等），其人口规模和购房适龄人口总数呈上涨趋势；而过去十年，德国、日本、韩国的房价一直走低，这又正好与其人口增长速度的放缓和购房适龄人口总数的减少有着一定联系。

鉴于此，部分专家预测，中国房地产还有最后的黄金十年。更有人抛出"千万别买房子，有空房子赶快卖掉"的言论。但就目前而言，巨大的刚性需求还未完全释放，房子就是结婚通行证，拥有一套房子就是家庭幸福的标志，我们对房子的渴望还能等到十年后的那一天吗？

生活中点石成金的财务资讯

保障房的春天

之前所讨论的房地产调控,其实只局限在一方面——商品房市场调控,这里我们将补充另一方面——大规模保障房建设。

保障房是保障性住房的简称,是指政府在对中低收入家庭实行分类保障过程中所提供的限定供应对象、建设标准、销售价格或租金标准,具有社会保障性质的住房。在我国,保障房主要包括"两限"商品住房、经济适用住房、政策性租赁住房以及廉租房等类型。另外,保障性住房的购房人只拥有有限产权,即自购买合同备案之日起,不满特定年限(一般为5年)不得转让、出租及抵押。购房人因各种原因确需转让的,由住房储备机构按照届时同类保障房价格进行回购。规定年限届满后,购房人方能申请取得完全产权。

表1-3　　　　　　　　深圳保障房分类及申请标准

名称	定义	申请条件	覆盖对象
廉租房	政府向符合条件且住房困难的具有本市户籍的家庭或单身居民以低廉租金标准提供的保障性住房。	①家庭申请的,家庭成员中至少一人为深圳户籍;单身居民申请的,应当具有深圳户籍;②家庭财产不超过规定限额;③在深圳无任何形式的住宅建设用地或自有住房;④未在深圳和国内其他地区享受住房保障;⑤市民政主管部门出具有效证明文件;⑥收入连续两年不超过既定标准	深圳特困家庭
公共租赁住房	政府提供优惠政策,限定套型面积和出租价格,按照合理标准筹集,面向中低收入的住房困难家庭或单身居民出租的具有保障性质的住房。		新就业职工等夹心层、非深圳家庭、低收入者
经济适用住房	政府提供优惠政策,限定套型面积和出租价格,按照合理标准筹集,面向中低收入住房困难家庭或单身居民出售的具有保障性质的住房。	①家庭申请的,其全部家庭成员应当具有深圳户籍;单身居民申请的,应当具有深圳户籍;②收入与财产未超过规定限额;③在深圳和全国内其他地区无任何形式的住宅建设用地或自有住房;④三年内未在深圳和国内其他地区转让过住宅建设用地或自有住房;⑤未在本市和国内其他地区购买过具有保障性质或其他政策优惠性质的住房。	深圳低收入家庭
安居型商品房	政府提供政策优惠,限定套型面积、销售价格和转让年限,按照规定标准,主要采取市场化运作方式筹集、建设,面向符合条件的家庭、单身居民配售的具有保障性质的住房。		夹心层、人才等中等偏低收入家庭

资料来源:《深圳市保障性住房条例》(2011修订)

1 喝茶聊天中的价格

早在1995年,我国就启动"安居工程"开始推广保障房建设。1998年,国务院正式出台《关于进一步深化城镇住房制度改革加快住房建设的通知》,对我国的住房供应体系做出了具体规划,即"最低收入家庭租赁由政府或单位提供的廉租住房;中低收入家庭购买经济适用住房;其他收入高的家庭购买、租赁市场价商品住房"。这个最初目标设定得相当美好,充分体现了按照收入层次的不同享受差异化的住房待遇,中央为此也投入了几百亿人民币。从1998年起,经济适用房的投资、建设和销售与全部商品住宅相比,所占的比例亦有所上升,并在1999年、2000年达到20%左右,基本解决了700万人口的保障住房问题。

但是从2001年起,经济适用房的比例开始呈现逐年下降的态势。特别是2003年,政府将"以商品房为主的"房地产业正式确认为国民经济的支柱产业,用"带保障性质的商品房"替代了经济适用房。于是,所有人都被迫涌入商品房市场,规模巨大的刚性需求使得商品房市场一下子红红火火起来。到了2006年,经济适用房只占当年全部商品住宅完成投资额的5.1%,占当年全部商品住宅新开工面积的6.8%,占当年全部商品住宅销售面积的6.0%。经济适用房新开工面积和销售面积更是出现了绝对值下降的现象。

时间来到2007年,政府也终于发现商品房价格涨得实在有些离谱,于是试图回过头来抓保障房建设,陆续出台政策,明确把解决城市低收入家庭住房困难作为住房制度改革的重要内容。可惜这些措施未能取得较好的成效,保障性住房在市场中的影响不强,逐渐沦落为房地产开发市场中的一种"辅助手段",甚至出现一些房地产企业打着修建保障房的旗号去找政府拿地的现象。还来不及对具体政策进行调整,2008年金融危机的冲击又接踵而来,政府只好又重新搁浅保障房建设,忙于调拨资金积极救市。

从1998年到2008年,十年间保障房未能起到初始设计的效果。许多学者认为,无论在开发制度建设、定位上,还是在开发主体、开发流程上,保障房建设均滞后于城市发展的需求。

生活中点石成金的财务资讯

(销售面积：万平方米)   (比率：%)

▇ 商品房销售面积　　经济适用房销售面积　━━ 经济适用房占比

图1-6　1998年~2010年商品房与经济适用房发展对比

数据来源：《中国统计年鉴2011》

令人欣慰的是，近几年来国家陆续颁布了一系列有利于保障房建设的政策，涵盖土地供应、银行贷款等各个方面。从"新国十条"到"新国八条"，从《关于切实落实保障性安居工程用地的通知》到《关于加快发展公共租赁住房的指导意见》，处处体现着中央政府对保障房的高度重视。保障房建设规模也在迅速增加：2009年建设387万套，2010年为580万套，而"十二五"规划更是提出要在未来5年开工建设3600万套保障性住房，按照一套房平均居住4人计算，3600万套住房将解决1.4亿人口的住房问题，而中国目前整体城镇人口是6亿。可以预见，这将对商品房市场造成多么巨大影响。另外，2011年的保障房计划中大量增加公租房数量，所占比例超过20%。以租赁方式为主将是未来保障房发展的趋势，保障房发展重点将转向公共租赁住房。

表1-4　　　　　　　　2010~2015年保障房建设目标　　　　　　单位：万套

时间	建设目标	目标分解			
		经适房和两限房	廉租房	公租房	棚户区改造
2010年	580	300			280

表1-4(续)

时间	建设目标	目标分解			
		经适房和两限房	廉租房	公租房	棚户区改造
2011年	1000	200	150	250	400
2012年	700	120	120	220	240
2013年	700	120	120	220	240
2014年	600	120	90	270	120
2015年	600	120	90	270	120

数据来源：国务院发展研究中心

2011年房屋总新开工面积约19亿平方米，其中商品房约为14亿平方米，保障房约为5亿平方米，约占总新开工面积的26%。2012年新开工700万套保障房，再加上2011年的1000万套新开工保障房进入了后续施工期，2012年将成为保障房施工和竣工的高峰期，其施工面积将约占房屋总施工面积的14%。保障房在房地产投资中所占比重持续快速增大，这不仅能够在解决就业、扩大内需、拉动投资方面作出积极贡献，有效避免宏观经济出现大幅回落，起到"减震器"作用，同时也为国家的房地产调控赢得了时间。

瞩目商业地产

最后，我们来谈谈商业地产。

广义的商业地产是指各种零售、批发、餐饮、娱乐、健身、休闲、办公等经营用途的房地产形式，其经营模式、功能和用途区别于住宅类地产。与住宅不同，商业地产起步期较晚但持续期很长。随着中国国民经济不断发展，一方面，城镇居民可支配收入不断增加，推动居民购买力不断提升，各种商场和购物中心不断涌现；另一方面，国内日益重视现代服务业的发展，第一、第二产业从业人员逐步向第三产业转移，刺激了商业地产需求的不断增长。

目前，中国商业地产还处于起步期。在当前从紧调控背景下，商业地产已经成为房地产市场发展的新亮点，不少房地产企业纷纷转型投身于商业地产开发。以北

生活中点石成金的财务资讯

京为例,2011年全市商业和写字楼土地出让金达到524亿元,同比增长7.9%,而住宅类土地出让金同比下降55%。伴随着北京第三产业在经济中占比的持续增大,预计未来几年北京商业地产将迎来新的增长动力。

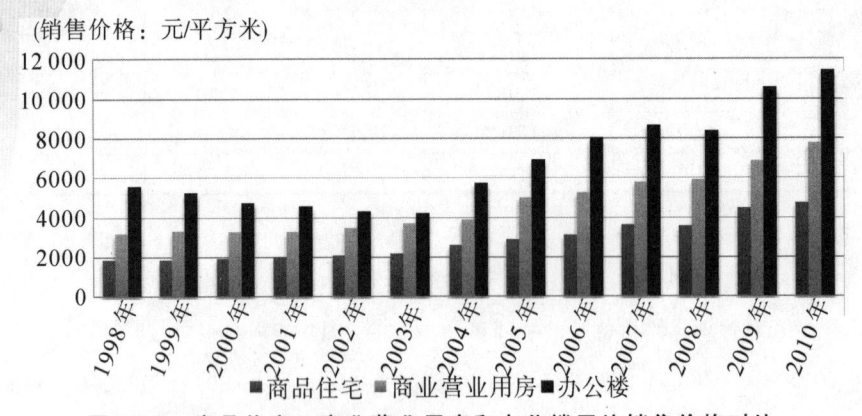

图1-7 商品住宅、商业营业用房和办公楼平均销售价格对比

数据来源:《中国统计年鉴2011》

从当前情况来看,世界各大都市的商业用地与住宅用地的地价比值通常5%~20%,而2011年中国一线城市该值为46%,其他二三线城市的住宅用地与商业用地价格甚至基本持平。这也显示出目前只有一线城市的商业用地才反映出了商业地产未来的投资价值。

作为普通投资者,我们可选择的商业地产包括商铺、写字楼、酒店式公寓等。无论是哪种投资,都最好选择地处成熟黄金地段的资产。历史证明,黄金地段的固定资产即使在最不景气的时候也有很强的抗跌能力。而房地产市场一旦回暖,这些地段的资产的增值速度又最快的。

2　必须看懂宏观经济

● **经济关键词扫盲**

○ 经济增长是目标

新闻链接

中国社科院预测我国今年经济增长8.5%~9%

2012年5月18日　来源：中国新闻网

中国社科院17日在北京发布报告称，2012年中国经济增速会继续回落，但仍将处于较高水平，总体前低后高，全年增速可能在8.5%~9%。

《流通蓝皮书：中国商业发展报告（2011~2012）》（以下简称《蓝皮书》）认为，从经济总体形势看，目前全球经济形势变数大，国际大宗商品价格下行压力有所增加，中国出口形势不容乐观，但2012年国内经济增长动力具有一定持续性，保障性住房、水利、交通、能源等基础设施建设对投资的拉动作用仍会比较明显，随着社保体制的完善、工资的逐步增长，居民消费支出会继续增加，经济增速仍可能保持较高水平。

生活中点石成金的财务资讯

　　对于价格总水平，《蓝皮书》认为，随着国家强有力调控措施效果的逐步显现，加上国际市场输入型通胀压力有所减弱，2011年四季度居民消费价格涨幅在逐月回落，年底前涨幅已落至4%左右。目前食品、房地产、交通运输、能源、资源等商品价格已处于较高水平，商品间的比价关系趋于合理，价格继续上冲的可能性不大。《蓝皮书》预测，2012年居民消费价格涨幅可控制在4%以内，且在3%~4%的可能性较大，涨幅的中位值为3.5%。

　　《蓝皮书》还预测，"十二五"期间，在国家政策和地方政策的促进和主导下，国有资产整合引发的零售业并购重组将进一步提速。中国零售商业并购将进入快速提高市场集中度的"黄金时代"，中国零售商业并购式扩张的时代已经开启，即以并购为主、新建网点为辅的"汰弱留强"式的第二阶段扩张已经到来。

　　点评：经济的重要性不言而喻，它不仅与国家实力有关，还涉及社会稳定，更是关系着普通百姓的衣食住行。因此，维持经济持续均衡的增长，是国家宏观经济政策追求的主要目标之一。

经济核算的GDP

　　早在公元4世纪的东晋时代，"经济"一词就已经产生并使用了。"经济"是"经邦"、"经国"和"济世"、"济民"以及"经世济民"等词语的统称，含有"治国平天下"的意思。现代意义上的"经济"是孙中山先生从日本引入中国的。清朝末期，日本人掀起工业革命浪潮，接受吸收并宣传西方文化，大量翻译西方书籍，将"economics"一词译为"经济"。根据现代汉语词典，"经济"的首要意思是指社会物质生产、流通、交换等活动。经济是人类社会的物质基础，是构建人类社会并维系人类社会运行的必要条件。大量的历史实践也告诉我们,"经济基础决定上层建筑"是绝对的真理,它值得我们去了解、分析和预测。

那么,一个国家的经济是怎么衡量的呢?

通常,我们使用"生产总值"这个概念来作为计算国家经济具体规模的指标。按照不同的计算口径,它可以分为国民生产总值(Gross National Product,以下简称GNP)和国内生产总值(Gross Domestic Product,以下简称GDP)两类。其中,GNP是"国民原则",核算的是一个国家地区的人民所创造的财富总量,无论这些人是在本国还是外国,由他们创造的每一份财富都要计算在GNP内;而GDP采用"国土原则",统计的是在这个国家地区的领土上活动的全部个体所创造的财富,包括在本国开展经营的外国公司所创造的收入,即使这些收入最终要流回外国人的钱包里。因此,使用GDP核算可以反映一个国家吸引外资的能力和市场经济开放程度,而GNP则更侧重反映一个国家生产要素的财富创造能力以及真实的国民生活水平。一般地,发达国家是GNP大于GDP,发展中国家则多为GDP大于GNP。例如,2001年,我国的GDP为95 933亿元,而GNP为94 346亿元,两者相差1587亿元。

在开放经济条件下,计算国家财富总量,选择GDP算法相对简便。经济学家常把GDP用Y表示,并定义$Y = C + I + G + NX$,这里C代表消费,I代表投资,G代表政府购买,NX是净出口。通过这个简单的公式,我们很容易就可以得到一个国家的生产总值。进入20世纪90年代后,96%的国家纷纷开始重点采用GDP来衡量经济增长快慢以及经济实力的强弱。到了1993年,联合国统计委员会发布了新的国民经济核算体系,为了强调GNP是一个收入概念而非生产概念,将GNP重命名为GNI(Gross National Income,国民总收入,以下简称CNI)。此后GNI逐渐代替了GNP,后者数据已基本不再统计和发布。

但是在我国,人们基本只识GDP不见GNI。这在很大程度上与国内一些媒体盲目吹捧GDP、部分政府考察业绩以GDP为纲等一系列不理性行为有关。作为一个经济指标,GDP的缺陷是显而易见的,它没有把市场之外进行的活动价值包括进来,没有考虑环境质量,也没有涉及收入分配。很多专家表示,相比GDP,GNI其

生活中点石成金的财务资讯

实更适用于中国国情。

　　GDP 统计的是一个国家经济的绝对总量，人均 GDP 则更客观地反映了实际经济水平。人均 GDP 是国内生产总值除以总人口数。2010 年，中国名义 GDP 达到 58 786 亿美元，比日本多出 4044 亿美元，由此赶超日本正式成为世界第二大经济体。但根据世界银行的统计，2010 年中国人均 GDP（按现价美元计算）仅为美国的 9.39%、日本的 10.34%，在有数据的 215 个国家及地区中排名第 121 位，甚至印度洋上的岛国毛里求斯的人均 GDP 也是我们的 1.7 倍！

　　时任日本经济财政大臣的与谢野馨曾就"2010 年日本名义 GDP 被中国赶超"回应道："日本将不会与中国竞争 GDP 排名，我们搞经济不是为了争排名，而是为了使日本国民过上幸福的生活。"对于我们来说，冷静清醒地认识现状，克服"人均"短板让 GDP 这个"世界第二"名副其实才是重中之重。

　　另外，尽管中国 GDP 超过日本成为世界第二，但与全球第一的美国仍相差甚远。即使把中国和日本 GDP 总量相加，也远低于美国的 2010 年 14.66 万亿美元。中国要走的路还很长。

GDP 增长率：告别"保八"时代

　　GDP 的增长速度是衡量经济发展情况的重要指标，GDP 增速越快表明经济发展越快，增速越慢表明经济发展越慢，GDP 负增长则表明经济陷入衰退。

　　在过去的 2005 年到 2011 年，每年年初讨论经济增长目标的时候，我国政府都把保持 GDP 增长率达到 8% 以上放在首位。而实际的增长率也给予我们惊喜，2007 年时竟达到了 14.2%。反观世界其他主要国家，美国 2011 年 GDP 增长率为 1.7%，日本 2011 年的 GDP 增长率甚至较上年下降了 0.9%。虽然这种情况与走出衰退的世界经济仍处于缓慢复苏阶段有极大关系，但是中国的 GDP 数据在政府的保护下依然坚挺，2011 年实际增长 9.2%。

　　任何事物都有两面性，中国为什么需要这么高的增长率？"保八"究竟有何具体意义？为了维持如此高的增长率，我们又付出了什么代价？

2　必须看懂宏观经济

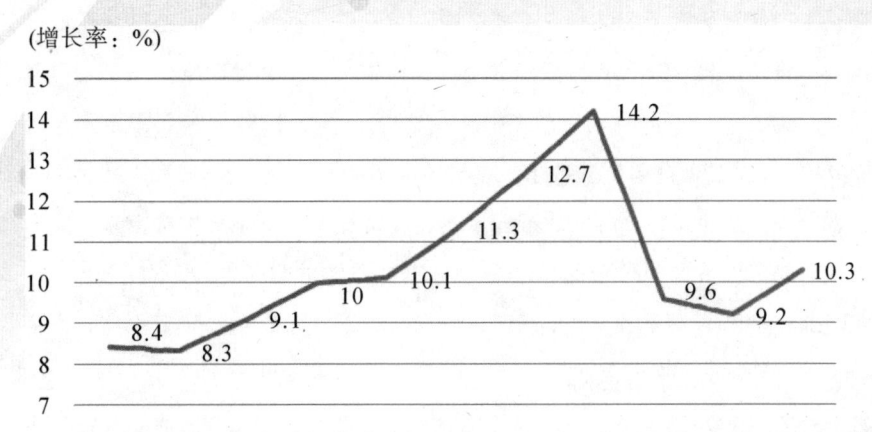

(增长率：%)

图 2-1　2000~2010 年中国国民生产总值增长率

数据来源：《中国统计年鉴 2011》

我们知道，现在的中国正处于城市化进程飞速发展的阶段，每年都有大量的农民涌入城市，全国高校也源源不断地制造出一批又一批的应届毕业生。据有关部门统计，中国每年新增劳动力超 2000 万人，其中学历在大学以下的占 95%，为保证就业必须发展劳动密集型产业，而中国的制造业却不太乐观。有统计显示中国企业的平均寿命仅为 4.5 年，社会面临着巨大的就业压力。

经济学家亚瑟·奥肯（Arthur Okun）基于美国的数据在 1962 年提出了著名的"奥肯定律"：当实际 GDP 增长相对于潜在 GDP（又称充分就业的 GDP）增长下降 2% 时，失业率上升大约 1%。虽然这条经验公式已不太准确适用于现在的社会，但我们需要知道的是 GDP 和就业之间的确存在高度的相关关系。当 GDP 上升，往往意味着就业人口的增加；反之，GDP 下降或者 GDP 增长率的下降都表示了失业率的上升。所以，为了满足新增就业人口的需求，维持社会的稳定，中国经济不得不"保八"。

这场轰轰烈烈的"保八"运动虽然在缓解就业压力方面有所建树，但同时也导致了许多其他的问题。地方政府为了维持 GDP 增长，把精力和社会资源过度集中到

生活中点石成金的财务资讯

了经济增长上,从而忽视了公共事业等领域的平衡发展。在我国拉动经济增长的投资、出口和消费"三驾马车"中,投资在经济发展中所占比例已严重侵蚀了出口和消费的贡献。据统计,2009年前三季度中国GDP增长率中有90%来自固定资产投资。而2009年,面对金融危机的冲击,中国政府宣布投入四万亿元为经济保驾护航。正当人们为经济企稳而欢呼时,产能过剩、通货膨胀等一系列投资带来的副作用又反而成了经济发展的绊脚石:2012年中国钢铁产能过剩率约为22%,2015年中国汽车企业产能预计将达到3250万辆……汽车、钢铁、冰箱,甚至生猪,谁来消化这些产能疯狂扩张下的产品?

好的一面是,在2012年3月5日的全国两会上,温家宝总理在政府工作报告中提出本年GDP的增长目标为7.5%。这是8年来我国GDP增长目标首次低于8%,国内外学者纷纷对此表示赞扬。可以看出,政府正在努力推动经济增长转型,使中国经济从依赖对污染大的、能源密集型的、不可持续的产业的投资,转向依赖国内消费。当然,这并不意味着就业问题就不再重要了,经过多年的奋斗,就业问题已得到了良好的支持基础。从就业形势看,2011年9.2%的GDP增长率支撑城镇新增就业1221万人,每个百分点的经济增长带动新增就业人数为132.7万人,高于2006年以来的任何一年(2006年为93.2万人,2007年为84.7万人,2008年为115.9万人,2009年为119.7万人,2010年为112.3万人)。同时,用工荒也从另一个侧面反映了就业压力在减轻,这正是适当调低增速以便调整经济结构,又不至于造成大的就业压力的好时机。

2　必须看懂宏观经济

○ 充分就业不可少

新闻链接

我国就业人员超7亿人　10年年均增加就业348.9万人

2012年8月18日　来源：金融时报

国家统计局8月17日发布报告称，2011年年末，中国内地人口总量为134 735万人，就业人员总量达到76 420万人，比2002年的73 280万人增加3140万人，年均增加348.9万人。

报告称，全国城镇就业人员总量由2002年的25 159万人增加到35 914万人；2011年年末，全国乡村就业人员总量由2002年的48 121万人减少到40 506万人。

报告指出，随着就业人员总量进入稳定增长期，就业结构优化步伐明显加快。党的十六大以来，我国城镇就业人员保持快速增长，城镇就业人员占全国就业人员总量的比重从2002年的34.3%上升到2011年的47.0%。

报告称，随着就业规模的稳步增加和就业结构的不断改善，就业质量也在不断提升。截至2011年年末，我国城镇非私营单位就业人员已经达到14 413万人，比2002年末增加3428万人，年均增加381万人。

点评：拥有一份好的工作能够满足个人的成就感，维系家庭的稳定。失去工作则被认为是最悲催的经济事件，失业意味着人们生活水平的降低，对未来充满担忧以及自尊心受到伤害。我们从失业出发，来认识中国的人口和产业结构。

生活中点石成金的财务资讯

从城镇登记失业率到调查失业率

在经济学范畴中，我们把"失业"定义为一个人愿意并且有能力为获取收入而工作，但尚未找到工作的情况。失业也分为许多种类。从整个经济环境来看，任何时候都会有一些正在寻找工作的人，不可能存在所有人都有工作的情况。"自然失业"指的就是充分就业状态下的失业，此乃市场均衡的结果。而"摩擦性失业"指的是生产过程中难以避免的、由于转换职业等原因造成的短期、局部失业。例如一个农民放弃耕种土地，收拾好行囊进城务工，在最终找到工作之前，他都处于摩擦性失业这种短暂的失业状态中。另外，"结构性失业"是指劳动力的供给和需求不匹配所造成的长期性失业。它的特点是既有失业，也有职位空缺，失业者或者没有合适的技能，或者居住地点不当，因此无法填补现有的职位空缺。

失业率是评价一个国家或地区就业状况的主要指标。国际上通用的失业率概念是指失业人数同从业人数与失业人数之和的比例关系，反映了一定时期内可以参加社会劳动的人数中实际失业人数所占的比重。中国从20世纪80年代初开始建立登记失业制度，由于当时中国还处于计划经济体制下，所有的城镇无业者都必须首先到政府劳动部门去登记，称为"待业登记"，处于等待期的劳动者即登记为"待业"。随着市场经济的开启，中国劳动用工制度发生了重大变化，政府不再统一分配和安置就业，企业和劳动者开始进行双向选择。于是在1994年，"待业登记"更名为"失业登记"，中国"城镇登记失业率"的概念也由此开始。城镇登记失业率是城镇登记失业人数同城镇从业人数与城镇登记失业人数之和的比例关系。城镇登记失业人员是指有非农业户口，在一定的劳动年龄内（16岁以上及男50岁以下、女45岁以下），有劳动能力，无业而要求就业，并在当地就业服务机构进行求职登记的人员。

城镇登记失业率由人力资源和社会保障部提供，是国务院判断经济形势的重要依据。但从其定义中我们就能发现，城镇登记失业率存在很多局限性。

2 必须看懂宏观经济

首先，它不是覆盖全国的失业率指标，而是仅限于城镇。就目前而言，我国的失业率主要表现在城镇，农村的失业率还没有完全反映出来。然而实际上，中国的劳动力绝大部分在农村。随着我国农业产业化、现代化与我国城市化的不断发展，大量的农村剩余劳动力涌现出来并进入劳动力市场，这种隐性失业将会逐步转化为显性失业。国家统计局曾测算中国农村隐性失业人数约为1.1亿人，隐性失业率为25%。而据劳动与社会保障部统计，中国农村目前隐性失业人数高达1.6亿人，占农村劳动力人数的28.5%！其次，中国国家统计局的事业统计仅限于在当地服务机构正式登记的失业人员，没有正式登记的就不算在失业之列，甚至还排除了下岗职工。最后，城镇登记失业数据的来源通常是劳动就业定期统计报表和劳动就业部门的登记记录，而在报表层层上报的过程中，由于失业统计和地方政府的信度挂钩，有些地区会出现弄虚作假的行为，因此难以保证统计数据来源的可信度。

学术界对城镇登记失业率不满早已有之，许多机构部门又补充设计了一些新的失业率统计方法。由于对失业的理解存在差异，统计方法和口径不一，不同机构部门公布的失业数据结构相差很大。例如，中国社科院在2008年年末发布的《社会蓝皮书》中称中国城镇失业率攀升到了9.4%，超过国际7%的警戒线；而人力资源和社会保障部公布的2008年城镇登记失业率仅为4.2%。两相比较，前后数据竟相差一倍。学术界和民间更有"2009年预计中国失业率是14.2%"、"中国失业率严重失真，实际失业率已达33%以上"等听来令人惊心动魄的数字。

因此，我国政府决定从"十二五"期间开始，不再使用城镇登记失业率这一指标，而启用更为准确的调查失业率。调查失业率是采用抽样调查方法，通过向调查对象询问一系列问题，从而综合判断某个家庭成员目前是否处于失业状态，并在此基础上计算得出的失业率。调查失业人员只要求失业者在一定时间内采取了寻找工作的行动，如应聘、托人找工作等，而不强调是否到劳动部门登记。调查目标为城乡常住人口中的劳动力，其中城镇常住人口不仅包括户口在城镇且常住城镇的劳动力，还包括户口不在城镇但在城镇居住半年以上的农村劳动力。另外，调查失业率仅对劳动年龄下限作了规定（即16岁），没有设置年龄上限。

生活中点石成金的财务资讯

许多专家都认为,调查失业率比登记失业率更符合实际的失业状况。以四川为例,四川省2007年的经济增长率为14.2%,2008年下降到9.5%,2009年又回升为14.5%。但是其城镇登记失业率变化不大,2008年为4.6%,仅仅比2007年上升0.3个百分点,2009年是4.3%,比2008年也仅仅下降0.3个百分点。但是四川公布的调查失业率则灵敏得多,比如2009年年末,全省城镇调查失业率由2008年年末的9.5%下降到2009年年末的7.5%,降幅达到2个百分点。相对而言,调查失业率实际数据会高于登记失业率。但我们需要的不是美化后的指标,而是真实的数据。由于样本科学,调查失业率能更好地保障数据的真实与准确,为国家宏观调控提供更好的决策参考。

人口红利与产业转型

在人类相当长的历史里,各国人口规模与经济规模高度相关。亚当·斯密(Adam Smith)就在他著名的《国富论》中这样写道:"一国的繁荣最明显的标志,就是居民人数的增加。"虽然现在人口数量与经济总量的相关性大大下降,但人口仍然是决定经济发展程度的重要因素。我们知道,随着社会的发展,出于各种原因,一国的人口出生率会迅速下降。这在加速人口老龄化的同时,还使得对少儿的抚养比例下降,劳动人口的比例也就相应上升。在老年人口比例达到较高水平之前,将形成一个劳动力供给充足、社会保障支出负担相对较轻、有利于财富积累和经济发展的"黄金时期",人口经济学家称之为"人口红利",中国现在的人口年龄结构就处于这样一个阶段。根据一些机构的研究,目前中国经济增长的27%得益于"人口红利"。

按照生产活动对投入要素的依赖程度,产业可以划分为劳动密集型、资源密集型、资本密集型和技术密集型等产业类型。其中的劳动密集型产业涵盖了传统的纺织、食品加工、钢铁、造船等领域,能够解决大量的就业需求。随着经济全球化的发展,特别是自2001年中国加入世界贸易组织以来,产业转移热潮兴起,丰富而且廉价的劳动力资源成为了中国参与国际经济竞争的优势。依靠劳动力价格优势,

2 必须看懂宏观经济

中国大量出口劳动相对密集的产品，走上了以劳动密集型为主要特征的制造业立国的发展道路。中国成为了名副其实的世界工厂，"made in China"（中国制造）席卷全球，2012年伦敦奥运会的纪念品中有65%都是出自中国人之手。

从本质上看，企业决定进行产业转移生产是为了追求更高的利润，在降低生产成本的同时扩大销售市场，这个过程也为转入地所在国的经济发展作出了贡献。发展中国家接受发达国家产业转移，不仅能够促进本区域生产产业结构调整，促进区域产业分工与合作，推动经济的一体化，还改变了区域地理环境。可以说，产业转移对我国经济的高速增长功不可没。

尽管如此，我国产业结构长期以来积累形成的矛盾也成为影响我国未来经济持续健康发展的重要因素，其中最突出问题是，过度集中于生产和技工制造环节的中低端，而研发、设计、品牌、营销、供应链管理等价值链两端关键环节发展滞后，并由此引发了贸易条件恶化、国民收入增长缓慢、服务业难以快速发展等一系列问题。

在管理学上有个概念叫"微笑曲线"，而在产业链中，附加值更多体现在设计和销售两端上，处于中间环节的制造附加值最低。如图2-2所示，微笑曲线就是形如微笑嘴型的一条曲线，它代表了附加价值的高低。横坐标中间是制造，左边是研发，右边是营销。一般而言，位于两头的产业利润率在20%至25%之间，而中间的加工生产利润往往不到5%。当前中国的产业结构重心，正处于微笑曲线的中间。

举个例子，大名鼎鼎的运动品牌耐克旗下没有一家工厂，所有的产品制造全部外包。据耐克方面提供的数据显示，一双在中国售价600元人民币的耐克鞋子，工厂的订单价是125元；订单价10元人民币的帽子，市场价可以卖到100元人民币；订单价3元的袜子可以卖出25元……出厂价是售价的一折已经是耐克的"商业规则"。又比如，美国市场上流行的芭比娃娃是中国苏州企业贴牌生产的，这种娃娃在美国市场上的价格是10美元，但是在中国的离岸价格却只有2美元。这2美元还不是最终利润，其中1美元是管理费和运费；剩下的1美元中，0.65美元用于支付来料费用，最后剩下的0.35美元才是中国企业所得。

生活中点石成金的财务资讯

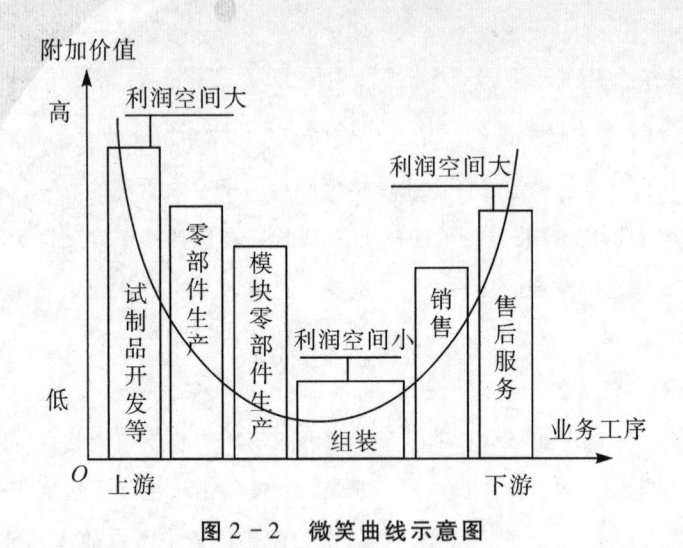

图2-2 微笑曲线示意图

有人这样概括在中国的外国投资商：他们拿出30%的资本，拥有50%的股份，拿走了70%的利润。而对于贴牌生产，有专家估计，外国人拿走了92%的利润，中国企业最多拿到8%。

现在，随着物价水平的不断上升，劳动力成本也在相应上涨。根据美世咨询公司发布的统计数据，从2009年至2012年，中国劳动力基本工资年增长率逐年递增，分别达到6.3%、7.5%、9.7%和9.8%。因此，许多劳动密集型产业从东南沿海往劳动力较便宜的中西部转移，如全球最大的电子产业专业制造商富士康就在成都、郑州等地设立了生产基地，但是还有部分跨国企业选择离开中国前往劳动力更廉价的越南和马来西亚。比如上面说到的耐克，据该公司网站介绍，其运动鞋产品对劳动力成本非常敏感，必须把劳动力成本控制在24%以内产品才有竞争力。近年来，耐克把许多本该给中国工厂的订单下到了越南，不但大规模扩充在越南4个加工厂的生产线，还投资1600多万美元在越南新建一家工厂，将其打造成为耐克最大的海外生产基地。据该公司历年年报显示，2001年，中国生产了其40%的鞋，在世界范围内排名第一，而越南只占到13%的份额；到了2005年，中国的份额降至 36%，还是排名第一，但越南升到 26%，排名第二；2009 年，中国和越南并列第一，都是 36%；到了 2010 年，越南超过了中国，占 37%，中国退居第二，占 34%。没有新的订单，工厂就不会雇佣额外的工人，如果订单减少甚至还会进行裁员。可以预见，随着产业转移的继续深入，大量的工人将面临重新择业的问题，如何解决好这批人的就业，是需要我们认真考虑的事情。

另外，人口红利不会永远存在。据世界银行《2007 年世界发展报告》，在中国和泰国，人口红利将于 10 年内耗尽，而在日本等发达国家已经消失。在此之后，人口老龄化会变成社会最严重的问题之一，从多个方面影响经济的持续增长。我国在 2000 年时就已经进入老龄化社会了，目前的现状是 9 个人中就有 1 个老年人，到 2050 年，将发展到 3 个人中就有 1 个是老年人。当人口不再是优势反而沦为负担，我们应该怎么做？

前车之鉴，后事之师。我们必须要紧紧抓住人口红利的最后机会，保持经济长期又好又快的增长。《中共中央关于制定国民经济和社会发展第十二个五年规划的建议》提出，"十二五"时期要以加快转变经济发展方式为主线，把经济结构战略性调整作为加快转变经济发展方式的主攻方向。其中，产业机构的战略性调整和转型升级是关键，将"中国制造"转变为"中国创造"将是我们这一代人努力的目标。与此同时，我国还需要有效建立覆盖全社会的保障体系，以做好准备应对将来的人口负债问题。

生活中点石成金的财务资讯

○ 物价稳定很重要

新闻链接

中国7月CPI年率升1.8% 两年半来首破2%

2012年8月9日 来源：环球外汇网

中国国家统计局周四（8月9日）公布的数据显示，2012年7月全国居民消费价格指数（CPI）年率上涨1.8%，两年半来首次跌破2%，月率上升0.1%。据测算，在7月份1.8%的CPI涨幅中，上一年价格上涨的翘尾因素约为0.9个百分点，新涨价因素约为0.9个百分点。

若按年率计，食品价格上涨2.4%，非食品价格上涨1.5%；若按月率计，食品价格则下降0.1%，非食品价格上涨0.2%。

此外，数据显示，2012年7月全国工业品出厂价格指数（PPI）率下年率下降2.9%，月率下降0.8%。工业生产者购进价格按年率下跌3.4%，按月率下跌0.8%。

稍早时候，新加坡星展银行（DBS）指出，"中国通胀风险不容低估。中国政策制定者需要对美联储（FED）和欧洲央行（ECB）实施更多宽松货币政策保持警惕。"

点评：提到近年来生活给予我们的深刻感受，最直观的就是各种商品价格持续地轮番上涨。这种"钱不值钱"的现象，在学术上被称为"通货膨胀"。通货膨胀对整个经济环境都有着不良影响，因此保持价格稳定也成为宏观经济政策的另一目标。

2　必须看懂宏观经济

剖析通货膨胀

"通货"可不是什么货物,它指的是在社会上流通的货币。除了常见的纸币和硬币,还包括银行存单、支票、信用卡等,它们都具有购买商品和服务的能力,简称"购买力"。要了解通货膨胀,还得从货币说起。

在生产力极其低下的原始社会,人们过着物质匮乏的生活。当一个人拥有一只羊腿但却想吃鸡肉时,他只能选择去寻找一个持有鸡肉并愿意将鸡肉换成羊腿的人。由于物质匮乏,可供选择的物品种类稀少,这样的交易对手还是比较容易找到。随着生产力发展和人类对自然的不断征服,物品的种类逐渐增多,人们慢慢发现,要在特定的时间找到同时能够满足双方需求的交易变得困难起来。有聪明人察觉有些物品是被广泛接受的,于是他们将自己的东西换成了这些被大家认同的物品,然后再去换取自己所需的物品,这种东西就统称为"一般等价物"。在中国古代,羊、布匹、海贝、铜器、玉璧等都曾充当过一般等价物。

这种交易模式不断得到发展,但新的问题随之而来:不同的地方一般等价物并不都一样,比如这个村子用牛而另一个村子用羊。同时,类似牛、羊等物品的质量随着时间的推移也会出现相应变化,这种地域上的局限性和时间上的不稳定性使得大部分物品被淘汰出一般等价物的范畴。最终,充当一般等价物的物品逐渐固定在了某些特定的东西上,最典型的就是金和银,人们把这种稳定的一般等价物称为货币。马克思说过:"金银天然不是货币,但货币天然是金银。"金和银因为自身的不易变质、易于分割、体积小而价值大、便于携带等优点,最终成为了全世界普遍采用的货币。

后来人们发现,金银在长久的使用中会出现磨损等情况,甚至变得不足值,因此人们又重新开始寻找新的东西来代替金银。在北宋时期,四川出现了世界上最早的纸币——"交子"。人们发现纸币的制作成本低且易于保管和携带,十分方便,所以纸币从此得到了广泛使用。然而,纸币虽能购买一切商品,但它只在商品交换中起媒介作用,它的票面价值只是其所代表的货币的价值,并不等于制造它的价

生活中点石成金的财务资讯

值,因此纸币一旦离开了它所代表的货币,就只是纸片一张,这也是它与金银的本质区别。

纸币出现后,国家财富想要增加似乎就变得非常容易,只要开动印钞机,大量的金钱就源源不断地涌来。但是,纸币的数量不是由政府随心所欲决定的。正常情况下,一个社会流通中需要的货币数量等于商品交易所需的货币量除以货币流通速度。举个例子,假设有一元钱,某段时间内,甲用它向乙购买了价值一元钱的商品,乙收到钱后又用它向丙购买了价值一元钱的商品。在这里,商品交易需要的货币量就是两元,货币流通速度是两次,因此流通中需要的货币量就是一元。货币转手的次数越多,流通速度就越快,在商品交易总量不变的情况下,流通中所需的货币数量也就变少了。但是,如果投入流通中的货币发行量过多,大大超过流通实际需要的数量,每单位货币代表的价值就会下降,从而产生货币贬值,造成一般物价水平上涨。所以,现代社会造成通货膨胀的最根本原因就是纸币发行过多。

具体来说,通货膨胀又分为如下几种:①需求型通货膨胀。指当社会上的商品供不应求时,人们为了得到想要的商品而选择以更高的价格进行支付,导致一般价格水平的上涨。②成本上升型通货膨胀。指当工资的增长率超过生产率增长率时,工资的提高就导致成本提高,从而引起一般价格水平的上涨。③输入型通货膨胀。指国外发生的通货膨胀通过国际贸易传到国内,引起物价水平上涨。

在大多数情况下,通货膨胀似乎有这样一种惯性:如果经济已经存在一定的通货膨胀率,那么这样的通货膨胀会有不断持续下去的趋势。这种情况被称为"通货膨胀螺旋"。为什么会产生这种现象呢?这是因为,如果经济中的大多数人都预期物价会上涨,那么他们就会索取更高的回报(工人们要求增加工资,房东要求增加房租,资金出借者要求提高利息),从而使得企业成本上升,推动商品和服务价格上涨。真实的通货膨胀形成后,又进一步推动了人们对下一轮通货膨胀的预期。更糟糕的是,即使导致通货膨胀的初始原因消失了,通货膨胀也可以自行持续下去,最终形成通货膨胀螺旋。

2 必须看懂宏观经济

CPI：通货膨胀的度量

通货膨胀率是衡量通货膨胀程度的指标，它被定义为从一个时期到另一个时期价格水平变动的百分比。假定一个经济体的消费价格水平从上一年的100元增加到今年的115元，那么这一时期的通货膨胀率就是（115－100）/100 × 100% = 15%。至于对一般价格水平的度量，常见的工具有消费者价格指数（CPI）、生产者价格指数（PPI）以及零售物价指数（RPI）。在这三者中，媒体和大众百姓最为关心的还是CPI及其增长率。那CPI又是怎么计算出来的呢？

消费者价格指数是对一个固定的消费品篮子价格的衡量，主要反映消费者支付商品和劳务的价格变化情况。据介绍，CPI涵盖了全国城乡居民生活消费的食品、烟酒及用品、服装、家庭设备用品及维修服务、医疗保健和个人用品、交通和通信、娱乐教育文化用品及服务、居住等八大类共计262个基本分类的商品与服务价格。国家统计局竭力想把普通消费者购买的所有物品与劳务都包括进来，并且根据消费者购买的数量和支出比例来对这些物品和劳务进行加权。

首先，国家统计局采用抽样调查的方法抽选确定全国31个省（区、市）500个市县共6.3万家价格调查点，包括食杂店、百货店、超市、便利店、专业市场、专卖店、购物中心以及农贸市场与服务消费单位等，按照"定人、定点、定时"的原则，直接派人到调查网点采集商品原始价格，价格采集频率因商品而异。对于CPI中粮食、猪牛羊肉、蔬菜等与居民生活密切相关、价格变动相对较频繁的食品，每5天调查一次价格；对于服装鞋帽、耐用消费品、交通通讯工具等大部分工业产品，每月调查2~3次价格。

然后，统计局根据审核后的原始价格资料，计算单个商品或服务项目以及262个基本分类的价格指数。

最后根据各类别相应的权数，再计算类别价格指数以及CPI。

目前，CPI的编制有月环比、月同比以及定基价格指数三类。月环比指的是本月与上月之比，表现的是逐期发展的情况；月同比是今年本期与上年本期之比，目

生活中点石成金的财务资讯

的是消除季节因素的影响;而定基价格是以某个时间点为基数进行比较。

(单位:%)

图2-3　2007年~2012年中国CPI同比走势

数据来源:CSMAR数据库

虽然CPI是观察通货膨胀水平的重要指标,但它显示的是当期的价格水平,单月数据不能作为对未来物价态势和政策取向的判断依据。另外,CPI反映的是消费品,不包含投资品和隐形消费。它所表现出的也只是相对价格的高低,CPI涨幅高并不意味着绝对价格高,因此虽然目前我国的CPI趋于下降,但是我们身边的物价水平还是不容小觑。最后,CPI只是一个平均数,我们在使用CPI时,既要看价格总水平的变化,也要看其内部不同类别价格的变动。

在过去的几年里,居民和企业对物价感受的"现实之痛"远远高于CPI的"数据增长"。社会各界对CPI数据的普遍猜疑放大了人们对通胀的恐慌,反而加剧了通胀上升的心理预期,加大了管理通胀的难度。是什么原因导致了CPI数据的"失真"呢?主要原因还是由于个体与总体、部分与全部的差异所造成。我们知道,CPI是一个综合统计指标,它既包括城镇居民,也包括农村居民;既包括有收入的人,也包括无收入的人。每个人的具体情况不同,对反映总体的统计指标的感受就会存在差别。另外,CPI的统计内容中既包括价格上涨的商品,也包括价格下降的商品,还包括水、电、气等由政府定价且价格相对稳定的商品。如果人们根据对某一个或某一部分商品价格变化的感受，与根据全部商品价格平均计算出来的涨跌幅相比较，必然会产生较大差异。

蚕食财富的罪魁祸首

通货膨胀不仅使货币购买力下降，还把人们的一部分财富转移到了政府口袋里。我们知道，个人所得税是按照收入所在的档次缴纳的。在经济出现通货膨胀时，人们的名义货币收入也相应增加，导致纳税人应纳税所得被自动划入较高的所得级距，形成档次爬升，从而按较高适用税率纳税。这种由通货膨胀引起的隐蔽性的税额增加，被称为"通货膨胀税"。

另外，对于普通工薪阶层，其收入是固定数额的货币，如果出现通货膨胀，而他们的收入又在原地踏步，那么其每一元收入的购买力将随着物价的上涨而下降，他们的实际收入必然减少。随着价格上涨，那些口袋中有限制货币和存款在银行的人也将受到严重的打击，因为存款的实际价值和购买力在不断降低。一旦出现通货膨胀率高于银行利率的情况，那么存入银行里的钱收获的只有负利息，即自己还要倒贴钱给银行。通货膨胀还通过牺牲债权人的利益而使债务人获利，例如甲向乙借款1万元，一年后归还，而这段时间内价格水平上升了一倍，那么一年后甲归还给乙的1万元只相当于借时的一半。因此，对抗通货膨胀成了家庭理财的首要目标。要保证财富不缩水，获取超过通货膨胀率的收益率是关键。

当然，我们也无需谈通胀色变。国际上惯以3%作为通货膨胀警戒线。按照凯恩斯的观点，温和的或者爬行的需求拉动型通货膨胀对就业和产出有扩大效应，有利于经济发展。当需求增加、经济复苏时，产品的价格会跑到工资和其他资源的价格前面，由此增加了企业的利润。利润的增加会刺激企业扩大生产，从而达到减少失业、增加国民产出的效果。这意味着通货膨胀的不利后果被更多的就业、增加产出所获得的收益所抵消。

生活中点石成金的财务资讯

○ 问题繁多的国际收支

新闻链接

"双顺差"破局　国际收支趋于平衡

2012年8月26日　来源：国际商报

　　国家外汇管理局的数据显示，2012年上半年，中国国际收支经常项目顺差为832亿美元，资本和金融项目逆差为203亿美元（含净误差与遗漏），国际储备资产增加629亿美元。与2012年第一季度国际收支经常项目、资本和金融项目呈现"双顺差"相比，第二季度我国国际收支呈现明显的一增一减格局，即经常项目顺差增加，而资本项目逆差扩大。我国在过去10年维持"双顺差"局面，国际收支失衡，目前，经常项目出现顺差、资本项目出现逆差，国际收支逐步趋向平衡。

　　总体来看，我国国际收支顺差减少、外汇储备增长放缓，源于国内外经济形势的变化。从世界经济环境来看，主要新兴市场普遍出现资本外流、储备减少、本币贬值的情形，我国跨境资本流动受到影响在所难免。

　　从下半年来看，世界经济将持续低迷，预计我国出口将保持低位增长，而国内出台预调微调政策保持经济平稳增长，进口将有所回升，贸易顺差将进一步收窄；近期人民币对美元汇率在进一步贬值，国内市场对资金的吸引力进一步下降，预计下半年国际收支将进一步趋于平衡。

　　点评：经过30多年的改革开放，特别是在加入世界贸易组织之后，我国在金融贸易方面加强了与世界各国的交往，与国际经济的联系也越来越密切，平衡国际收支也成为了我国宏观经济政策的重要目标之一。

2 必须看懂宏观经济

简析国际收支平衡表

　　国际收支是指一国在一定时期内从国外收进的全部货币资金和向国外支付的全部货币资金的对比关系。国际收支对现代开放型经济国家是至关重要的。经济学家认为，一国的国际收支状况不仅反映了这个国家的对外经济交往情况，还反映出该国经济的稳定程度。当一国国际收支处于失衡状态时，必然会对国内经济形势造成冲击，影响国内就业情况、物价水平以及经济增长。

　　我们常用国际收支平衡表来表示一国的国际收支状况。国际收支平衡表总体上由三大部分组成：经常项目、资本和金融项目及官方储备。经常项目既记录商品与劳务的交易，也记录汇款、捐赠等转移支付。资本和金融项目记录一国资本的输出输入情况，包括外国与本国之间的借款贷款、外国与本国之间的实物资产和金融资产交易、政府的投资等。官方储备则包括黄金和外汇两大储备资产，其中，外汇是指以外币表示的，可用于进行国际间结算的支付手段，包括外国货币、外币存款、外币有价证券等。

　　如果一个项目的收入大于支出，我们就称为顺差；反之，称为逆差。每个国家在一定时期内都可能产生经常账户的顺差和逆差，以及资本账户的顺差和逆差。按照发展经济学的理论，发展中国家应该保持经常项目赤字和资本项目盈余，通过利用外国储蓄实现比单纯利用国内储蓄更高的投资水平。

　　尽管中国是一个发展中国家，但是自1994年来（1998年除外）已经连续多年处于双顺差的状态。特别是从2001年至今，双顺差的增长趋势尤为明显，而且经常项目的增长速度明显快于资本金融项目，其中货物贸易是经常项目顺差的主要来源，外商直接投资是资本项目顺差的主要来源。

　　一般而言，双顺差的国际收支格局是不合理的，也难以长期维系，历史上也没有哪个国家像中国这样在长达18年的时间里一直处于双顺差格局，是什么原因引起了这样的顺差呢？

— 65 —

生活中点石成金的财务资讯

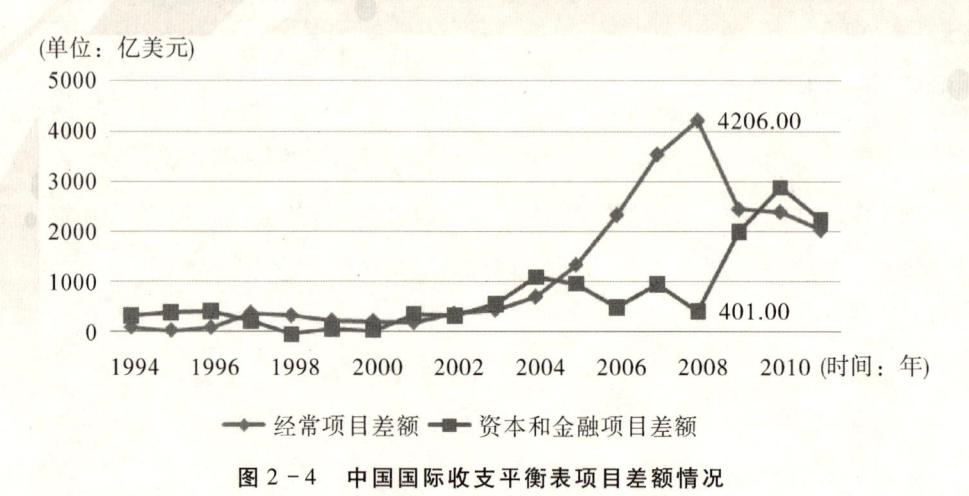

(单位：亿美元)

```
4206.00

401.00
```

→ 经常项目差额   ─■─ 资本和金融项目差额

图 2－4　中国国际收支平衡表项目差额情况

数据来源：国家外汇管理局网站

  不少学者认为，双顺差在很大程度上反映了中国经济结构的不平衡。从 1990 年到 2008 年，中国 GDP 的平均增速为 10.32%，而消费的平均增速仅为 8.26%。相比国际公认的消费占 GDP 比重为 60% 至 70% 的标准，中国只达到了一半的程度。内需不足是中国经济发展的一个重要问题，而发达国家利用中国的廉价劳动力生产了大量的低端制造业产品，再将这些产品从中国出口至本国及其他国家，加大了中国的出口。在过去 30 余年的大部分年份里，按照经济学家张维迎的统计，中国出口实际年增长率在 15% 左右，国际贸易增长率高于 GDP 的增长率。除此以外，以美国为首的一些国家还对中国长期实行出口管制。以美国为例，2007 年美国将中国单列，专门增加了 47 个出口管制项目，2011 年美国商务部公布的《战略贸易许可例外规定》更直接把中国排除在 44 个可享受贸易便利措施的国家和地区之外。在美国优势产品出口受限的情况下，中美贸易差额不可能是双方竞争力的真实反映，因此，货物贸易顺差的出现就不难理解了。至于资本和金融项目，自改革开放以来，我国相继出台了许多关于招商引资的优惠政策，优良的投资环境吸引了外国直接投资的大量流入。而近年来要求人民币升值的呼声此起彼伏，人民币升值预期长期存

2 必须看懂宏观经济

在，海外投机资本为了从人民币升值过程中获取收益，通过各种途径流入中国，扩大了国际收支双顺差。

那么，顺差与外汇储备又是怎么一回事呢？

以前中国的外汇储备很少，如1978年全国上下仅有1.67亿美元，而国际进口贸易需要使用大量的外汇进行结算。于是政府出台了一个政策，强行要求企业或个人获得外汇以后，必须卖给指定的银行，然后由银行再出售给中央银行并交由外汇管理局统一调配与使用，由此形成国家外汇储备。随着我国经济快速发展，逐渐增长的国际收支双顺差导致了外汇储备的大幅增加，尤其是2000年以来外汇储备增长表现出加速趋势。我国外汇储备从1993年的212亿美元到2006年迈上10 000亿美元台阶，成为世界第一的外汇储备国，用了13年的时间。然而，从10 000亿美元到2011年突破30 000亿美元，仅仅用了不到5年，即使强行结售汇制度已经于2008年被逐步取消。

(单位：亿美元)

年份	外汇储备
2000	1656
2005	8189
2007	15 283
2008	19 460
2009	23 992
2010	28 473
2011	31 810

图 2-5 中国外汇储备

数据来源：国际货币基金组织数据库

巨额且不断增长的外汇储备显示了我国综合国力及国际影响力的显著增强。它有利于保证我国偿还外债，有利于保证国民经济均衡稳定，更有利于防范和化解国

生活中点石成金的财务资讯

际金融风险。还记得1998年那场席卷亚洲的金融危机吗？其发源地泰国遭遇了国际金融巨鳄索罗斯的狙击，而政府却无力救市，致使本国经济水平倒退了好几年。当时索罗斯在泰国注册了一家公司，并以此向泰国银行借出了巨额的泰铢。由于泰国对外开放程度很高，外汇管理非常宽松，泰铢和外币可以自由兑换。所以，索罗斯先把一小部分泰铢在泰国国内兑换成美元，再将剩下的全部拿到国际市场去低价抛售。其他国际金融炒家注意到他的行为后也将泰铢低价大量售出，而不知内情的普通投资者由于从众心理的影响更是一味跟着抛售。一时间，外汇市场上烽烟四起，泰铢疯狂贬值。而当时泰国的外汇储备仅有390亿美元，泰国政府拿出了全部家底甚至还从国际上贷款了150亿美元企图力挽狂澜，但这区区几百亿美元的资金相对于天量级的国际游资来说犹如杯水车薪，根本不能全部吃进这些被抛售的本国货币。泰铢的贬值幅度一度高达60%！此时，索罗斯再用很少的美元就买回了当初贷款数量的泰铢，并将其交还给了泰国银行。经此一役大获全胜的索罗斯又把目光投向了外汇储备为960亿美元的香港，妄图再次狠捞一笔，但他却忽略了中国政府誓死捍卫香港经济繁荣的决心。正是由于中央政府明确表示给予香港政府全力支持，并坚持人民币不贬值，香港政府才能孤注一掷投入全部风险预备金大量购入被抛售的股票和期货，吸纳国际金融炒家抛售的港币，将汇率稳定在7.75港元兑换1美元的水平上，从而成功瓦解了索罗斯等国际金融炒家的进攻，同时也重塑了港人对经济的信心。后来香港政府手上的股票被投入了股票基金并成功上市，这就是著名的盈富基金的由来。

然而，外汇储备并不是越多越好，过度的外汇储备不仅增加了人民币汇率升值压力，加剧了我国与贸易伙伴之间的贸易摩擦，还延缓了产业结构调整和国际竞争力提高，限制了我国货币政策发挥作用的空间，并加大了持有外汇储备的风险。有专家认为，根据我国现有的经济状况，维持1万亿美元的外汇储备就足以应对国际收支平衡和突发事件的需求了。现在的中国或许应该考虑怎样既合理又科学地将这些钱花出去。

汇率及汇率制度

汇率在国际经济中是一个非常重要的概念，它是指一国货币折算成另一国货币的比率，又被称为外汇的买卖价格，其实质是一个国家货币购买力的反映。关于汇率的表示有两种方法：一种是直接标价法，用一单位的外国货币作为标准来折算成一定数额的本国货币，例如 1 美元兑换 6.3840 元人民币；另一种是间接标价法，用一单位的本国货币作为标准来折算成外国货币，如 1 元人民币的兑换 0.1566 美元。目前我国公布的人民币外汇牌价，采用的是直接标价法。

目前，世界上的汇率制度主要有固定汇率制和浮动汇率制两种。固定汇率制并不是汇率完全不动，而是围绕着一个相对固定的平价的上下限范围内波动。浮动汇率制是指一国不规定本国货币与他国货币的官方汇率，听任汇率由外汇市场的供求关系自发地决定。自 1973 年布雷顿森林体系崩溃后，西方各国相继放弃了固定汇率制而采用浮动汇率制。目前世界各国的汇率制度可以分为三类：钉住美元、钉住一篮子货币以及参考一篮子货币。

举个例子：假设有个货币篮子，里面有美元、欧元和日元三种货币，其权重分别为 50%、25% 和 25%，当欧元和日元对美元均升值 10% 时，人民币是贬值还是升值？

如果人民币实施的是单一钉住美元的汇率制度，则欧元和日元对美元的升值不会影响人民币和美元之间的汇率。但是，欧元和日元对美元升值了 10%，意味着欧元和日元对人民币也升值了 10%。如果人民币实施的是钉住上述篮子的汇率制度，那么欧元和日元相对于美元升值 10% 会导致人民币对美元升值 5%（25%×10% + 25%×10%）。此时，人民币与美元的汇率不再稳定。而参考一篮子货币的汇率制度与钉住一篮子货币的最大区别就在于前者保留了货币当局对调节汇率的主动权和控制力，但不能享受在稳定汇率预期方面带来的好处；而后者则用一个明确的规定代替央行对汇率的任意干涉，从而能够迅速稳定汇率预期，但同时也丧失了调节汇率的主动权。

生活中点石成金的财务资讯

2005年前，我国实行的是单一的、有管理的浮动汇率制度。由于中国贸易顺差持续增加，人民币升值预期愈发强烈，源源不断的热钱加速流入我国，导致一些国家指责我国操纵汇率，并由此在贸易中获得竞争优势。在此背景下，中国人民银行宣布自2005年7月起人民币不再钉住单一美元，转而实行"以市场供给为基础的、参考篮子货币进行调节、有管理的浮动汇率制度"。自此以后，人民币对美元汇率中间价屡创新高，人民币汇率形成了持续单向升值的特征，直到2008年年中，一场席卷全球的金融风暴才令上述过程陷入停滞。2010年6月，中国人民银行宣布进一步推进人民币汇率形成机制改革，增强人民币汇率弹性，人民币二次汇改正式开启，对美元开始重新升值。

图2-6 2005年7月~2012年7月美元兑人民币价格走势

数据来源：雅虎财经

是什么原因影响了汇率的波动呢？国际经济学认为，主要因素有以下四个。

（1）国际收支：如果出口大于进口，即出现贸易顺差，那么本国的外汇就会增多，使得本币升值，汇率上升；如果发生贸易逆差，那么外汇就会减少，本币购买力下降，汇率也随之下跌。

（2）利率：如果本国利率上升，对于外国资本来说，投资本国资产收益就更多，于是大量外资涌入，本国外汇增多，本币升值，汇率上升；同时，对于国内普通居民，银行储蓄比消费更有吸引力，从而抑制消费，物价也因此降低，而这有利于出口不利于进口，外汇由此增加，本币升值，汇率上升。如果本国利率下降，则对于外国资本来说本国投资环境恶化，引起外资外逃，同时人们觉得银行储蓄划不来，于是把钱用于消费，物价因此上升，进口增长而出口下降，在这样的情况下，外汇减少，本币贬值，汇率下降。

（3）通货膨胀：首先，通货膨胀使得本国货币贬值，扣除通胀后的实际利率下降，汇率下降；其次，通货膨胀下物价纷纷上涨，国内的东西变贵而国外的东西相对便宜，因此出口减少而进口增加，导致外汇减少，本币购买力降低，汇率下降；最后，通货膨胀使得本国信用级别降低，外国投资者会怀疑本国资产的安全性，部分投资者会选择抛售本币，从而使汇率下跌。

（4）外汇储备：当一国外汇储备增多，该国干预外汇市场和维持汇价稳定的能力上升，汇率也因此上涨；而外汇储备下降，相当于本国干预外汇市场和维持汇价稳定的能力下降，于是引起外汇市场参与者对本国货币信心不足，汇率下跌。

2005年到2012年的七年间，人民币汇率累计升值幅度已达到了28.35%，人民币汇率被低估的程度已大幅度减轻。自2011年以来，我国国际收支逐渐趋于平衡，通货膨胀也快速回落，这些均给人民币汇率提供了较大的变革空间。因此，有专家认为，当前人民币汇率升值的经济动能已然不足，确保升值主要还是依靠政治因素。

生活中点石成金的财务资讯

● 金融知多少

新闻链接

央行再推逆回购　维持市场流动性

2012年8月15日　来源：中国新闻网

中国人民银行8月14日发布公告称，当天以利率招标方式进行了500亿元人民币的7天逆回购操作，中标利率为3.35%，操作规模较上周持平，利率连续5周维持在同一水平。

自6月底以来，央行采取滚动发行逆回购的方式来缓解资金面压力，替代降低存款准备金率来保持市场流动性。数据显示，隔夜、7天、14天品种利率分别为2.445%、3.341%和3.262%。可见，央行继续进行逆回购操作，维持了流动性的相对平衡，符合市场普遍预期。

市场人士认为，逆回购操作作为主要的货币政策工具，其重要性在目前乃至未来一段时期内甚至超越了法定存款准备金政策。基于平滑资金的考虑，央行或将继续于公开市场实施逆回购操作。同时，由于受到逆回购发行利率的牵引，资金利率很可能将保持相对稳定的状态。

分析人士指出，考虑到物价压力的消失及决策层对"稳增长"目标的进一步强调，在货币政策"稳健"的总基调下，流动性的放松是大势所趋。结合此前公开市场逆回购操作已长达7周、商业银行体系正加强对地方融资平台信贷支持等因素，未来仍不排除继续下调准备金率的可能。

从货币政策的使用上，也有放松流动性的必要。银行体系存量和增量信贷风险都有提升，存贷比和资本充足率都有下降，已经构成了对实体经济信贷支持的制约因素。由此可见，维持逆周期信贷政策力度仍需要流动性的进一步放松。

2　必须看懂宏观经济

> 点评：要谈金融，必须懂货币。货币是金融的根本问题，经济学家弗里德曼更是强调"只有货币最重要"。希望通过对利率、流动性与货币政策工具这三个方面的解读，能够使金融市场的运作呈现出更清晰、透彻的脉络。

○ 小利率，大威力

我们都知道，今天手里拥有的一元钱与明天手里获得的一元钱价值是不一样的。对于今天的一元钱，我们可以选择现在就花出去，或是存入银行换取利息，或是进行投资。而相比之下，明天的一元钱花出去延迟了消费带来的享受，存银行则损失了一天的利息，若是发生了严重的通货膨胀甚至还会贬值。经济学上就将一定数量的货币在两个时点之间的价值差异称为货币的时间价值。

影响货币时间价值的主要因素包括：时间、通货膨胀率、计息方式与利率。时间的长短是影响货币时间价值的首要因素，时间越长，货币的时间价值越明显。通货膨胀率则是使货币购买力缩水的反向因素。例如，以年均5%的通货膨胀率计算，1980年的100元钱的购买力相当于1990年的163元，相当于2000年的265元，相当于2008年的392元。计息方式主要分为单利与复利。单利的计算始终以最初的本金作为计算收益的基数；而复利则以本金和利息为基数计息，从而产生利上加利、息上添息的收益倍增效应。例如，一笔100万元的资金存入银行，如果按5%的年均单利计算，则每年固定增值5万元，20年后变成200万元；如果按5%的年均复利计算，20年后这100万元就变成了2 653 298元，比单利多出653 298元。利率是决定一笔货币在未来增值程度的关键因素，它关系着这笔钱是否能够跑赢通货膨胀并且为投资者带来额外的收益，其重要性非同一般。

经济学家凯恩斯把利率看做是使用货币的代价，古典经济学派认为利率是资本的价格。对于利率，我们通常谈论的是市场利率。作为市场资金借贷成本的真实反

生活中点石成金的财务资讯

映,市场利率没有公认的数值。国际市场利率一般参考伦敦同业拆借利率与美国的联邦基金利率。所谓同业拆借市场是指金融机构之间以货币借贷方式进行短期资金融通活动的市场。中国也有银行间同业拆借市场,上海同业拆借利率是中国市场利率的重要参考。

利率随资金市场上供求关系的变化而变化,其自身的变化又直接、迅速地对经济产生影响。利率具有经济变量与政策变量双重特性。作为经济变量,利率的变动与经济周期相关:当经济景气时,人们对资金的需求增加,利率趋于上升;经济不景气时,利率趋于下降。同时,利率作为政策变量,其变动又与社会总需求的变动方向一致,当社会总需求过高时央行会提高利息为经济降温,当总需求不足时又会降低利率以鼓励民众投资和消费。

利率与债券价格具有反向变化的关系。债券价格越高,意味着利息率越低;相反,债券的价格越低,利息率越高。这一反向关系存在于一切金融市场。举个例子,某一年到期的债券票面价格为 1000 元,债券规定的利息率为 5%,即一年后就可以获得 50 元的利息。如果存款利率是 2%,那么同样的 1000 元钱存入银行只能获得 20 元收益,两相比较之下,购买债券自然成为更优选择,债券需求上升,其价格也相应会上涨;如果存款利率变成了 4%,债券与银行存款相比还是略胜一筹但差距不大,那么债券的售价也就相应低些;而当存款利率变成了 6%,这时候买债券就不如存银行那么有吸引力了,因为持有债券就相当于投资贬值,债券价格肯定会低于其票面价格。

利率对股市也有重大影响,它与股票价格同样具有反向变动的关系,这可以从两个方面进行分析。首先,当市场利率上升时,一部分资金可能从股市转出继而投向银行储蓄和债券市场,市场资金的供给量因此减少,导致股票需求减少,股票价格下跌;反之,利率下降,股票市场资金供给增加,导致股票价格上升。其次,贷款利率的提高会加重上市公司利息负担,从而减少其盈利,进而减少上市公司的股票分红派息,股票价格必然下降;相反,贷款利率下调将减轻其利息负担,从而降低生产经营成本,提高盈利水平,使得上市公司可以增加股票的分红派息,股票价格也因此上升。

至于房地产市场，则更是深受市场利率的影响。房地产业最重要的就是资金链，当贷款利率上升时，普通民众就得承担更高的贷款利息，对房地产的购买力就会相应下降，从而使房地产市场的有效需求下降，为了及时回笼资金，部分房地产商会选择降低房地产价格。同时，贷款利率的上升也意味着房地产投资的融资成本提高，相当于投资利润的下降，这很可能导致投资者转移投资方向，减少对房地产的投资。但同时我们需要注意，房地产企业还可能将新增的利息成本与风险转移给购房者，如通过提高房地产价格转移新增利息成本，进而弥补贷款利率上升造成的利润损失。在这种情形下，房地产价格不但不会下降，反而会持续上涨。例如，2004年我国央行将贷款利率提高了0.27个百分点，随着利率的上升，与房地产关联度高的土地、建材等行业的费用提高，房地产成本随之高涨，这又进一步推动了房价的上涨。

另外，利率水平对外汇汇率有着非常重要的影响。我们知道汇率是两个国家的货币之间的相对价格，和其他商品的定价机制一样，它由外汇市场上的供求关系所决定。外汇是一种金融资产，人们持有它也是因为它能带来资本的收益。人们在选择是持有本国货币还是持有某种外国货币时，首先考虑的是持有哪一种货币能够给他带来较大的收益，而各国货币的收益率首先是由其金融市场的利率来衡量的。某种货币的利率上升，则持有该种货币的利息收益增加，吸引投资者买入该种货币，因此对该货币有利好（即行情看好）支持；如果利率下降，则持有该种货币的收益便会减少，该种货币的吸引力也就减弱了。所以，有句话概括得很好："利率升，货币强；利率跌，货币弱"。

○ 是非功过流动性

我们常常在新闻中遇到一个词——"流动性"，其含义颇丰。流动性与液体运动无关，一般情况下它指的是一项资产以合理价格变现的能力。凯恩斯曾提过"流动性偏好"这样一个概念，说的是人们愿意以货币形式或存款形式保持某一部分财

生活中点石成金的财务资讯

富,而不愿以股票、债券等资本形式保持财富的心理动机。这是因为货币在使用上具有灵活性,能够随时满足交易、谨慎和投机三类不同动机。如果当利率极低时,则可能会出现"流动性陷阱"。因为人们觉得利率不可能再降低了,相应地债券的价格也不可能再走高。

在宏观经济中,流动性专指整个经济体系货币投放量的多少;而在股票市场,流动性则指的是参与交易资金相对于股票供给的多少,这里的资金包括场内资金(即已购买了股票的资金)及场外资金(还在股票账户里准备随时入场的资金)。

其实流动性说白了就是货币,但是什么是货币呢?现钞是货币,银行卡上的存款也是货币,证券保证金账户上的数额还是货币。这个古老的问题被经济学家们争论近百年,至今仍无统一定论。因此,不同国家对货币供给的口径定义也各不相同,为了便于对宏观经济的运行进行监测和货币政策的操作,我国货币供应量主要划分为以下几个层次:

①M_0——流通中现钞;

②M_1——M_0+企业单位活期存款+个人持有的信用卡类存款;

③M_2——M_1+企业单位定期存款+居民储蓄存款+外币存款+信托类存款。

M_1被称为狭义货币,代表了现实购买力;M_2是广义货币;M_2与M_1之差被称作准货币,代表了潜在购买力。M_1和M_2是非常重要的宏观经济指标,如果M_1增速较快,会使得消费和终端市场比较活跃;如果M_2增速较快,则投资和中间市场活跃;M_2过高而M_1过低,表明投资相对于需求过热,有发生经济危机的可能;M_1过高而M_2过低,表明需求强劲但投资不足,物价有上涨的可能。

那么,M_1和M_2是怎样被投入经济体系的呢?

有人或许会说是通过银行,的确,在参与金融市场运行的机构中,银行是最为独特的一环。银行体系一般由商业银行和中央银行构成。商业银行的主要业务是吸收存款、发放贷款以及代为顾客办理支付和其他委托;而中央银行(我国是中国人民银行)作为一国最高金融机构,统筹管理、监督全国金融活动,实施货币政策以影响经济发展。中央银行不仅兼具发行货币、为商业银行提供贷款并集中保管存款准备金等职能，还负责国库的管理及提供政府所需资金。但事实上，中央银行并不是唯一对货币供给有影响的部门，金融机构和社会公众的行为也是对货币供给有决定性影响的因素。以人民币为例，其投放渠道就包括了各单位从银行领取现金支付职工工资、向农村或农民采购农副产品的支出、收购工矿产品和手工业品的支出、对农业的财政信贷投放以及向银行提取储蓄存款等。

如果某一经济体系投放了过量的货币，我们就称之为流动性过剩。众所周知，资本天生具有逐利性，而这些流动性并未进入实体经济，反而追逐有限的金融资产，造成房地产、股市、资源类商品等资产的价格快速上升和收益率持续下降。而上游资源价格的上升必然会推动下游消费品价格的上涨，在一些因素的刺激下，部分资本甚至开始追逐消费品，从而引起物价的快速上涨，造成经济过热与通货膨胀，引发所谓的资产泡沫。

据中国人民银行发布的报告显示，2011年中国的广义货币M_2增量已经占到世界新增M_2规模的52%。通常，我们用M_2与GDP的比值来衡量流动性是否过剩。在发达国家该比值一般呈稳定且下降的趋势，而在我国则呈现出抬头上升的趋势。如果经济增长速度赶不上货币增长速度，就要考虑是否存在货币超发的问题了。但也有专家表示，货币与经济之间的适宜关系不是简单的一一对应关系，以我国M_2绝对量多、M_2/GDP较高得出货币超发的结论并不准确。

不可否认的是，近几年我国金融市场（包括黄金、外汇、债券、股票和大宗商品期货市场）和房地产市场一度充斥着巨额资金，源源不断的资金又推动了金融市场和房地产市场轮番暴涨、相关资产价格的"非理性"高涨以及通货膨胀率的居高不下。中国的确存在着流动性过剩的现象，那么造成这一切的罪魁祸首又是什么呢？

先来看国内。当前，我国并未形成完善的社会保障制度，老百姓出于养老、医疗等原因积累了大量的预防性储蓄。住房保障制度和教育体制的不完善也使得人们被迫将大量储蓄资金用于购房和子女教育。因此，我国的储蓄率一直居高不下，而储蓄率过高正是制造我国流动性过剩的基础。我国资本项目和经常项目常年维持顺

生活中点石成金的财务资讯

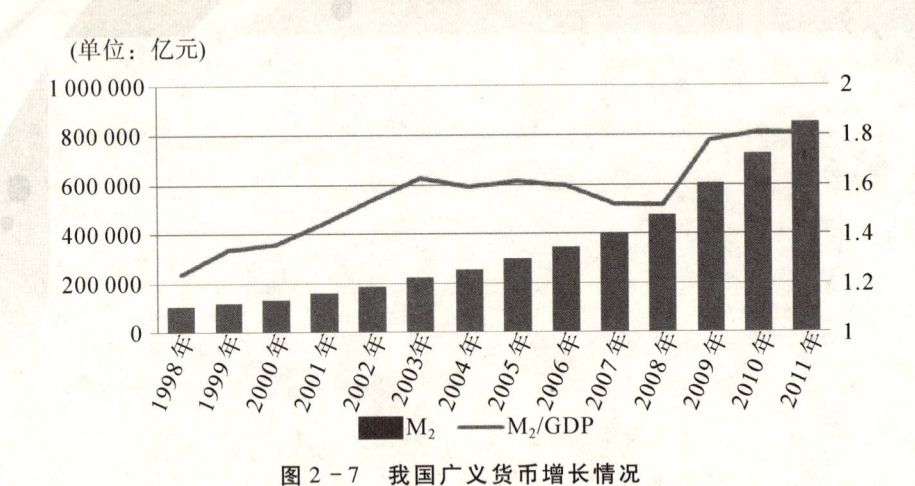

(单位：亿元)

图 2-7　我国广义货币增长情况

数据来源：《中国统计年鉴 2011》

差，这导致我国外汇储备和外汇占款不断增多，在现行的结售汇制度和人民币汇率制度下，外汇储备和外汇占款的迅速增加使人民币承受了不少升值压力。为了维护汇率稳定，中国人民银行不得不加大干预外汇市场的力度，向市场投放大规模基础货币。另外，2008 年全球金融危机下中国政府为了"保八"出台了一系列投资计划，其总规模高达四万亿元，而且这还不包括后续的投资金额，这些都给经济创造了大量的流动性。

再从国际方面来看，由于 2008 年金融危机后，全球各主要经济体一度普遍实行低利率政策以振奋经济形势，结果导致各主要货币的流动性空前增长，不同国家走出危机困境的速度也具有显著差异。于是，在全球经济失衡与全球流动性过剩并存的大背景下，世界资金出现了大规模的跨境流动。总体而言，美国庞大的贸易逆差和外债导致美元资产的吸引力大幅度下降，大量资金从美国流入以中国为代表的亚洲新兴经济体，进一步加剧了全球经济失衡，从而诱发更多的资金涌入这些新兴经济体，进一步突显了其流动性过剩的问题，形成恶性循环。另外，日本、美国等为了维持本国的就业率和保护国内产业，在对中国具有巨大贸易顺差的前提下一直要求人民币升值，强烈的升值预期更使得海量投机资金涌入中国，试图在这个过程中分得一杯羹。

钱多了不好，钱少了更不行。有学者认为，流动性过剩是2007年中国经济的典型表现，而当前中国正面临史上最严重的"流动性短缺"。2010年的通货膨胀是因为投资过度并非货币过多，而2011年年末以来的过度反通胀更导致了流动性短缺。中国在2011年出现了历史上从未有过的企业倒闭潮，民营企业家甚至上演了跳楼或是跑路潮，而这一现象至今没有缓解。2012年8月，更有媒体爆出"20多家钢贸企业因为贷款到期无法偿还，被上海民生银行、光大银行等集中告上法庭"的新闻，这些情况不得不令人担忧。

○ 货币政策有工具

说完了流动性，再来谈谈中央银行的货币政策工具。

货币政策工具是中央银行针对货币供给量、信用量所使用的调控工具。《中华人民共和国中国人民银行法》明确规定，我国中央银行的货币政策目标是"保持货币币值的稳定，并以此促进经济的增长"。我们需要知道的是，这些工具是怎样被操作并且作用于经济的。

1. 法定存款准备金率

银行（Bank）一词起源于意大利语的 Banca 或 Banco，是指早期的货币兑换商办理钞票兑换业务时坐的板凳。那时候的欧洲虽然各国、各地区之间商业往来和贸易活动日益频繁，但在各自为政的背景下货币种类繁多，于是货币兑换商就应运而生了。经过长期的业务活动，他们逐渐建立起了自己的信誉，商人们为了避免风险与麻烦，便将自己的货币交给兑换商代为保管，而兑换商给他们开具收据并收取一定的保管费。久而久之，货币兑换商发现了一个现象，虽然每天都有存款取款发生，但一般商人们不会同时来存取货币，自己手中总是能够保持一定数量的货币。于是，为了追求更多的利润，兑换商玩起"借鸡下蛋"的把戏，别人每存一笔钱，他们只在手中保留一部分，剩下的则全部作为贷款发放出去并向借款人收取利息，这

生活中点石成金的财务资讯

就是最初的银行存贷款业务,而被兑换商保留在手里的那部分货币,就是后来的存款准备金。

现在,为了保证银行的资金安全,各国政府都要求商业银行必须将其存款的一部分放到中央银行的账户里代为保存,而这个比例就是法定存款准备金率。于是,存款准备金就分为银行的库存现金和存入中央银行准备金账户上的存款两个部分。而商业银行为了谋取更多的利润,一定会尽可能地压缩自己的库存现金,把多余的钱全部贷出去。

下面举个例子来说明存款准备金的重要性。

假定法定存款准备金率为20%,并且客户的资金全部通过银行结算,没有提取现金的行为。A客户将100元存入自己有账户的甲银行,甲银行就因此增加了100元的存款,按照规定它必须拿出20元(100×20%)作为准备金存入中央银行,剩下的80元则作为贷款全部放贷给B客户。B客户得到这笔80元的贷款后又全部存入与自己有往来的乙银行,而乙银行又将16元(80×20%)作为准备金存入自己在中央银行的账户上,然后再贷出剩下的64元给C客户。C客户又把这笔钱存入与自己有业务往来的丙银行,丙银行留下其中64×20% = 12.8元作为准备金存入中央银行,然后再贷出剩下的51.2元……如此不断循环,各个银行的存款总和是:

$$100 + 80 + 64 + 51.2 + \cdots = 100 \times (1 + 0.8 + 0.8^2 + 0.8^3 + \cdots + 0.8^{n-1})$$

$$= \frac{100}{1 - 0.8} = 500 \text{(元)}$$

而贷款总和则为:

$$80 + 64 + 51.2 + 1 = 100 \times (0.8 + 0.8^2 + 0.8^2 + 1 + 0.8^n) = 400 \text{(元)}$$

我们发现,存款总和同这笔原始存款及法定存款准备金率之间的关系可以表示为:

$$\text{存款总和} = \frac{\text{原始存款}}{\text{法定准备金率}}$$

如果最初的那笔100元原始存款来自中央银行的一笔原始货币供给,那么中央银行新增一笔原始货币供给将使活期存款总和（即货币供给量）扩大为原来的 5 倍！而这个数字是法定准备金率的倒数（$\frac{1}{20\%}=5$），被称为货币创造乘数。

从上面的例子可以看出，正是由于部分存款准备金制度和非现金结算的存在，才对货币供给量造成倍数扩张的作用。而货币的供给不能只看到中央银行期初投放了多少货币，还必须重视货币创造乘数的作用。因此，法定存款准备金率一旦发生改变，银行必须持有的准备金数额也得随之改变。如果法定准备金率由 20% 提高到 25%，对于同等数量的存款所要求的准备金便会增加，也就意味着银行必须保留更多钱在手中，从而减少贷款和投资。货币创造乘数也因此由 5 减小到 4，货币供给量将减少 20%，反之亦然。虽然这项工具效果猛烈且缺乏弹性，但因为主动权在中央银行，所以成为了我国调控金融的重要工具。

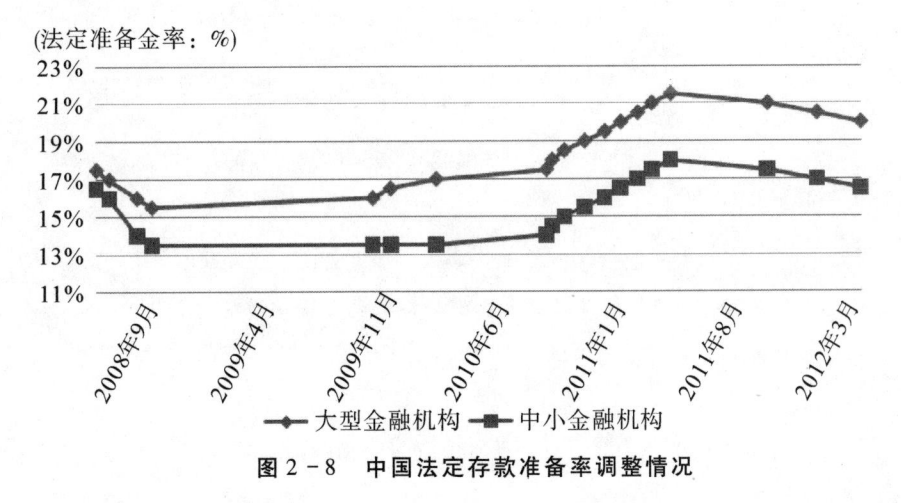

图 2-8 中国法定存款准备率调整情况

数据来源：东方财富网

2011 年，为了抑制房价过高，中国人民银行对存款准备金率一共进行了 6 次上调，从最初的 18.5% 上调至 21.5% 的历史性高位。虽然房地产市场有所降温，但总体上难免有些矫枉过正，政府也意识到了这一点，于是从 2011 年 11 月起开始下调法定准备金率。对银行而言，存款准备金率的适度下调有利于缓解银行的流动性

生活中点石成金的财务资讯

资金压力,这意味着银行可以有更多的钱拿出去发放贷款,从而获取更多的利息差。对企业而言,银行的放贷能力增强,企业申请贷款也就变得容易一些。此外,市场上通常将中央银行降低存款准备金率作为货币政策松动的信号,这有利于充裕股市的流动性,对股票市场整体走势有直接影响。

2. 存贷款利息率

中央银行的第二件政策工具便是利率,这里的利率专指存贷款基准利率,而非先前讲到的市场利率。中央银行根据货币政策实施的需要,适时地运用利率工具,对利率水平和利率结构进行调整,进而影响社会资金供求状况,实现既定目标。

(年利率:%)

→— 一年期整存整取利率 —■— 一年期人民币贷款利率

图2-9 金融机构人民币存贷款利率调整情况

数据来源:中国人民银行网站

至于利率的作用,前面已经有过表述,故不再重复。

3. 公开市场操作

其实,中央银行最常用的工具并不是存款准备金率,也不是存贷款利率,而是公开市场操作。公开市场操作是中央银行在金融市场上公开买卖有价证券的行为,这里的有价证券主要指政府债券和外汇。当中央银行认为社会上的货币过多、经济有偏热的迹象时,便卖出有价证券以回笼资金,达到收紧资金供给的目的,反之亦然。

我国的公开市场操作由人民币公开市场操作和外汇公开市场操作两部分组成,

2 必须看懂宏观经济

这里我们重点讨论前者。从交易品种看，我国人民银行公开市场业务债券交易主要包括回购交易、现券交易和发行中央银行票据，具体情况如下。

回购交易分为正回购和逆回购两种。正回购为中国人民银行向一级交易商卖出有价证券（主要为国债），并约定在未来特定日期买回有价证券的交易行为；逆回购为中国人民银行向一级交易商购买进有价证券，并约定在未来特定日期将有价证券卖给一级交易商的交易行为。正回购为中央银行从市场收回流动性的操作，正回购到期则为央行向市场投放流动性的操作；逆回购为央行向市场上投放流动性的操作，逆回购到期则为央行从市场收回流动性的操作。现券交易是交易双方以约定的价格在当日或次日转让债券所有权的交易行为，分为现券买断和现券卖断两种，前者为央行直接从二级市场买入债券，一次性地投放基础货币；后者为央行直接卖出持有债券，一次性地回笼基础货币。中央银行票据即中国人民银行发行的短期债券，央行通过发行央行票据可以回笼基础货币，央行票据到期则体现为投放基础货币。

是不是感觉有点晕？没关系，我们通过一个表格来对这些工具的效果进行梳理。当然，具体的实施情况还得按照实际状况来具体分析。

表 2-2　　　　　　　　公开市场操作效果

公开市场操作		央行收入	央行支出	货币供给
回购交易	正回购	货币	有价证券	减少
	正回购到期	有价证券	货币	增加
	逆回购	有价证券	货币	增减
	逆回购到期	货币	有价证券	减少
现券交易	现券买断	债券	货币	增加
	现券卖断	货币	债券	减少
央行票据	发行票据	货币	央行票据	减少
	票据到期	央行票据	货币	增加

3 理财工具背后的故事

● 当银行成为金融超市

新闻链接

渣打理财巨亏苦主曝光 银行回应称市场风险难避免

2012年3月15日 来源：中国经济网

近日，有客户向本网投诉渣打银行部分理财产品亏损太严重的问题。

南京人李玫是渣打银行的忠实客户，也是受害较为严重的客户之一。自2007年年底至2008年3月，她累计投入180万元买入渣打银行6款产品，在2010年赎回时总计亏损78万元。李玫购买的多款理财产品出现了不同程度的问题，有的产品甚至没有银监会的备案。渣打银行的种种行为令李玫不满，2010年11月，她将渣打银行告上法庭。

同样的事情发生在上海投资者王女士身上。因为投资渣打银行的一款理财产品，王女士1000万元的本金在短短三个月内亏损300万元。她表示，由于渣打银行没有尽到充分提示风险的义务，加上其产品销售人员夸大该产品安全性，自己受到误导购买了这款产品，导致投资亏损。

3 理财工具背后的故事

> 据本网不完全统计，渣打银行理财产品亏损巨大，且存在故意隐瞒亏损信息、部分产品银监会无备案等问题。针对客户的投诉，记者致电渣打银行询问产品为何亏损巨大等相关问题，截至发稿时，渣打银行回复记者一份理财产品的声明，声明称：由于市场下跌，银行理财产品亦受到了负面影响。
>
> 点评：在中国，"理财"一词最早出现于20世纪90年代初期的报纸杂志上。随着社会经济的不断发展和人民总体收入的逐年上升，人们对理财的需求日益旺盛。近几年来，银行理财产品更是如雨后春笋般出现在神州大地，甚至有诗云："要问闲钱投哪去，众人齐指银行门"。是什么支撑起了理财产品热火朝天的销量？看似固若金汤的银行就一定能保证我们的资金安全吗？

◎ 井喷的银行理财

在人们传统的印象里，银行似乎只干两件事：存钱和贷款。20世纪80年代以来，随着各国金融监管机构对银行业限制的逐步取消，商业银行业务的全能化得到了较大的发展，特别是1999年美国《金融服务现代化法案》的出台，允许金融机构同时经营银行、证券、保险等多种业务形成"金融超级市场"，金融业已由"分业经营、分业管理"的专业化模式向"综合经营、综合管理"的全能化模式发展。虽然按照中国《商业银行法》的规定，我国的银行是不允许兼营证券和保险的，但是不少学者和专家认为，"金融超市"在中国的出现指日可待，而其中最明显的变化就是商业银行内容越来越健全、规模越来越庞大的理财产品。

银行理财产品种类非常丰富。按照投资期限，可以分为短期产品和中长期产品。目前各家银行的理财产品多以中短期为主，其中6个月以下期限的产品约占总数的

生活中点石成金的财务资讯

60%。按照投资方向，可以大致划分为信贷资产类、债券及货币资产类、投资组合类、证券投资类、结构型产品以及代客境外理财类等类型，基本上涵盖了所有的投资工具。按照收益情况，可以分为保本型、浮动型和结构型三类。其中保本型产品最受市场青睐，2004年~2010年该类产品占据了接近70%的市场份额。

虽然我国第一款以外币和人民币计价的银行理财产品在2004年才开始推出，但当年即有近百款银行理财产品面世。此后理财产品迅猛发展，从2005年发售约600款，到2009年发售约8000款，2010年更是突破了10 000款。进入2011年后，银行共发行理财产品22 379款，较2010年增长了97%，也就是说2011年发行的理财产品数量相当于2010年同期发行量的两倍。而到了2012年，虽然年初的发行量大幅下降，上半年各商业银行理财产品总发行量仍接近12 000款，这一数量较2011年上半年上涨了15.7%。

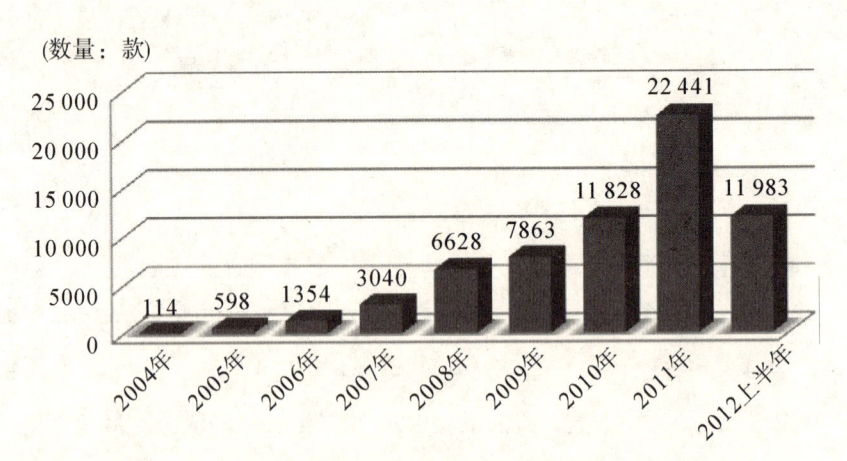

(数量：款)

年份	数量
2004年	114
2005年	598
2006年	1354
2007年	3040
2008年	6628
2009年	7863
2010年	11 828
2011年	22 441
2012上半年	11 983

图3-1　2004年~2012年商业银行理财产品发行数

数据来源：万得资讯、中金在线

购买银行理财产品不仅成为平常百姓的选择，也成为上市公司利用闲置资金投资的主要方式。据《证券日报》报道，2011年共有87家公司发布关于利用自有闲置资金购买理财产品的公告，累计（包括已购买和拟购买）投资总额高达304.7亿

3 理财工具背后的故事

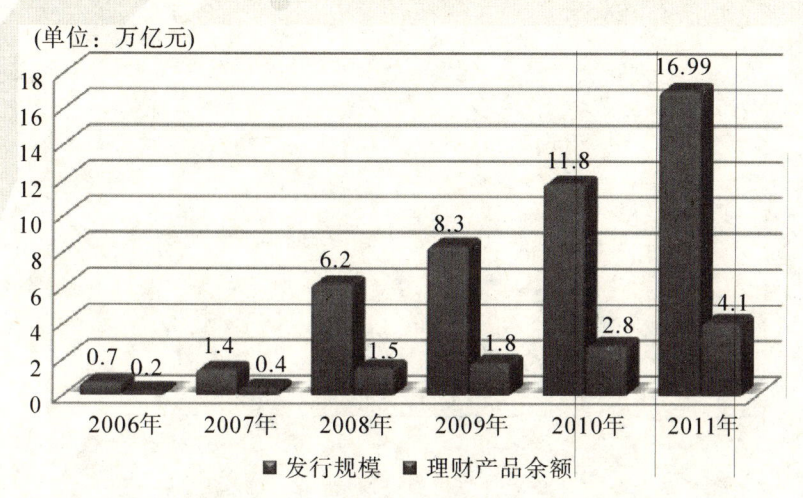

(单位:万亿元)

图 3-2 2006 年~2011 年商业银行理财产品发行规模及余额

数据来源:万得资讯、中金在线

元,其中除少量信托计划、基金外,绝大部分理财资金的投资标的为银行理财产品,投资规模达到 255.25 亿元。

是什么使得银行理财产品行情如此火爆呢?

首先,商业银行广泛的营业网点保证了其理财产品销售渠道的畅通。据统计,截至 2010 年年末,我国商业银行共有 19.5 万个营业网点,基本覆盖了全国所有地区;而全国只有 58 家券商有资产管理资格,其营业部总共有 3531 个;信托公司 54 家,共 1619 个机构;至于基金公司,则仅以合作券商和银行网点为销售渠道,没有自己的网点。而在经济生活中,无论是世界五百强企业、社会团体组织还是普通小市民都要和银行发生业务往来,银行也由此积累了大量优质的客户资源。

然后,现行银行理财产品的收益率主要集中在 4%~5%,相对于定期存款有很大的优势。在 CPI 持续高企之时,面对银行存款的实际"负利率",储蓄搬家现象也就不难理解。再加上银行理财产品的风险相对较小,流动性较高,在一定程度上填补了从无风险、低收益的银行存款到高风险、高收益的信托、基金等产品间的空白。

生活中点石成金的财务资讯

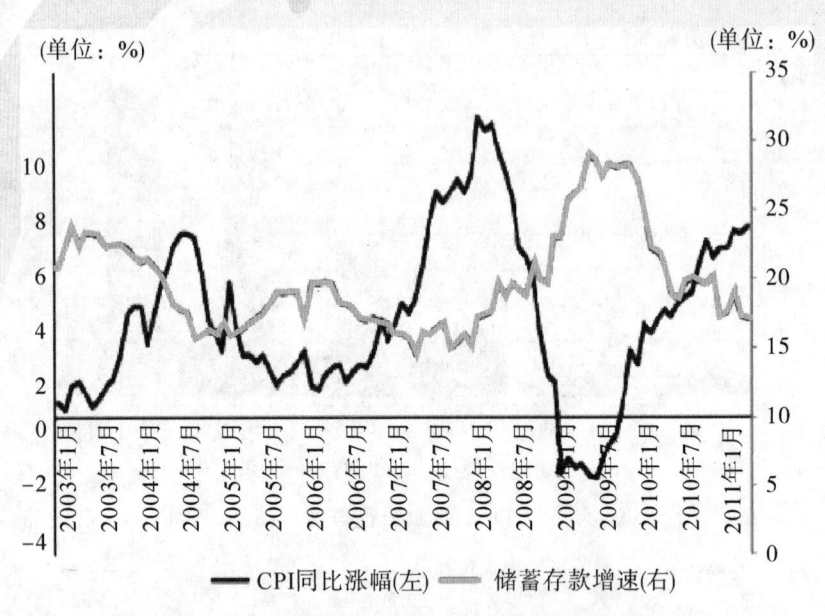

图 3-3 我国 CPI 涨幅与储蓄存款增速对比

数据来源：恒天财富

最后，房地产调控、资本市场低迷也使得以流动性管理为目标的短期理财产品吸纳了大量避险资金，2011 年银行理财产品数量的激增也从另一方面反映了这个问题。

◎ 银行 = 无风险？

在许多人的潜意识里，银行和安全总是密切联系的两个概念。可你是否知道，所有的理财产品甚至是保本理财产品，都存在流动性风险、市场风险和利率风险。虽然银行理财产品相对于股票和基金更为保守，但其本质上仍然是金融投资产品，与银行传统的无风险储蓄业务有着本质的区别。

根据银率网发布的《银行理财产品市场 2011 年度报告》显示，在 2011 年 19 224 款到期的理财产品中，披露到期收益率的理财产品为 17 474 款，披露率为

3 理财工具背后的故事

90.9%,其中负收益 4 款,零收益 17 款,另有 90 款产品未达到预期收益率。进入 2012 年,宏观经济的不确定性增多使得银行理财产品管理难度加大,特别是外资银行,接连爆出巨亏的消息,惹得民众怨声载道。

业内人士表示,外资银行理财产品连连出现亏损的原因其实与它的投资方向密切相关。外资银行理财产品结构中的期权投资有四大市场,按风险从小到大排序,依次是利率市场、汇率市场、股票市场和商品市场,其中,商品市场中黄金或原油 ETF(交易所交易基金)较为流行,市面上不少产品均与之挂钩以冲击高收益,而一旦有难以预料的金融动荡,这些产品就会遭遇巨大的亏损。但是,高风险也意味着可能取得高的收益。根据理财周报零售银行实验室监测,2012 年上半年,到期收益率 10%(含)以上的理财产品共有 19 款,全部分布在渣打银行、恒生银行、东亚银行以及中信银行四家银行之中,主要以渣打、恒生为主。另外,在收益率排名前两位的是渣打银行和东亚银行的理财产品,渣打银行的代客境外理财产品取得了 27% 的收益,东亚银行的"牛熊双盈 5 '亚洲四小龙'"指数基金保本投资产品到期实现了 18% 的年收益。

而投资者在购买理财产品的过程中,也常常遭遇大大小小的陷阱。在浏览理财产品宣传单时,投资者一般只注意到大大的"收益"字样,很少留意风险提示内容,因为这些风险提示文字通常是以更小的字体、更浅的颜色标注,一般出现在说明书中不起眼的地方。同时,有些工作人员在向投资者介绍理财产品的过程中故意对风险因素轻描淡写甚至忽略不提,只一味强调可能的收益。另外,由于普通老百姓本身专业知识有限,容易对于理财产品的一些宣传用语出现理解偏差。例如,某款 78 天的理财产品号称年化收益率能达到 5%,导致部分消费者误以为投资 5 万元在 78 天后就有 2500 元(50000×5%)的收益,但年化收益率仅是把当前收益率换算成年收益率来计算的,是一种理论收益率,并不是真正的已取得的收益率。实际上,这款理财产品只有 534 元(50000×5%/365×78)的收益,比三个月定期存款的利息只高出 100 余元。

除了银行自身的理财产品外,不少银行还代售其他机构发行的理财产品,如证券公司的集合理财、信托投资计划、基金等。许多投资者将银行理财产品和银行代

生活中点石成金的财务资讯

售理财产品混淆，殊不知二者在风险和收益上都存在着较大差距。以券商集合理财为例，由于受 2011 年 A 股市场持续低迷影响，券商集合理财也集体遭遇寒冬，亏损甚至清盘的消息并不鲜见。根据统计数据显示，截至 2011 年 12 月 31 日，2011 年以前成立并仍在运行的 164 支理财产品年平均收益率为 -17.28%，年收益为正的仅有 17 支，占比不足一成，且最高年收益率不过才 4.72%。27 支股票型券商集合理财产品更是没有一支产品年收益率为正。

为了保护投资者利益，规范商业银行理财产品运营并加强对其监督和管理，2011 年 10 月 12 日，酝酿已久的《商业银行理财产品销售管理办法》由银监会正式发布。按照这个规定，今后商业银行销售理财产品时需要对理财产品实行风险分级管理。银监会希望该措施能够帮助投资者避免误入高风险"雷区"。同时，为了防止一些银行借理财产品揽存，理财产品的购买门槛也大幅度上调，最低一级为 5 万元。另外，《理财产品销售管理办法》还规定，商业银行应当对客户风险承受能力进行评估，如果客户超过一年未进行风险承受能力评估，再次购买理财产品时还需接受二次评估。

●拿什么拯救你，中国股市

新闻链结

沪指没有最低只有更低　96%股民成植物人

2012 年 8 月 28 日　　来源：扬子晚报

昨日，A 股市场大幅下挫，上证指数大跌 1.74% 再创三年半以来的新低。投资者对于政策前景的忧虑进一步升温，同时企业经营状况令市场感到失望。各类权重股均遭受沉重抛压，广发证券跌停，中国平安、中信证券均跌 5% 左右。中石化净利创 3 年来最高降幅，上市公司的业绩不佳也对股指产生拖累，指数陷入"没有最低，只有更低"的窘境。

3 理财工具背后的故事

来自中登公司最新披露的周报显示,2012年8月初两市参与交易的A股账户数仅为685.20万户,对应的A股交易账户占比为4.12%。这意味着每100个股民中,只有4个在炒股,不炒股的股民超九成。也就是说,股市中100个股民有96个被"冻僵",已经成了"植物人"。交易账户占比创今年以来的新低,显示出A股投资者的交投意愿降至冰点。

国泰君安8月9日发布的个人投资者投资景气指数7月数据为54.43,较6月份的68.31大幅下降近14个点,所有账户即期平均浮亏率为28%。

"我三个月没看自己的账户了,买的什么股我都忘了。"小徐在长沙某事业单位上班,身为"80后",股市也曾经是他投资的主要渠道,但是这几年投入股市10多万元悉数被套,在大幅亏损之下,小徐一气之下不看账户并发誓今后不再投钱进股市。记者调查了10多位炒股市民,除了极个别人表达了抄底意愿之外,绝大多数人均表示已懒得看盘,甚至有人长达半年没有看过账户。

点评:深圳交易所理事长陈东征曾说过,"我们的股民拿自己的钱去支援国家建设,挣了钱,高兴得满世界嚷嚷;赔了钱,不声不响,他们是新一代最可爱的人!"但是最可爱的人,却总被伤得最深。面对"跌跌不休"的中国股市,投资者又该何去何从?

◎ 风雨激荡二十年

相较于世界其他主要经济体,中国股票市场起步最晚。1990年11月26日,上海证券交易所姗姗来迟,四天后深圳证券交易所也相继成立。在经历了从无到有、

生活中点石成金的财务资讯

从"摸着石头过河"到交易监管体制不断完善的演变之后,伴随着中国经济的高速腾飞,一个上市公司达到 2300 余家、股票总市值 25 万亿元位居全球第三的证券市场正受到世界的瞩目。二十多年来,没有哪一个行业如中国证券市场这般,不仅影响了许多人的财富观,更为他们带来了命运的改变。

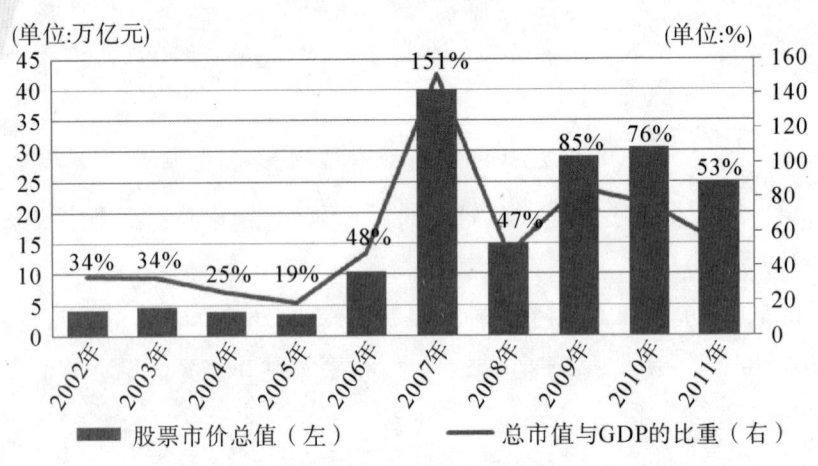

图 3-4 我国股票市价总值及其与 GDP 的比值变化

数据来源:万得资讯、世界银行

中国股市二十多年,不仅缔造了资本市场,还缔造了一批中国股民。20 世纪 90 年代初,中国股民只有几万人,而到了 2012 年 7 月末,沪深股票账户数合计为 16 889.54 万户,有人估计,中国股民人数可能已超过一个亿。股民的人数随着资本市场的发展在不断增长,而中国家庭的资产状况也在变化。根据西南财经大学中国家庭金融调查与研究中心的调查,截至 2011 年 8 月底,在股票、债券、基金等五大类金融产品中,中国家庭对股票市场的参与率最高达到了 8.84%,是基金的 2 倍、理财产品的 8 倍。亿万中国家庭的财产正是通过股市,开始了资本化、证券化的过程。

我们不妨沿着上海证券综合指数一路发展的足迹,回顾一下中国股市跌宕起伏的二十余年。

3　理财工具背后的故事

(单位：点)

图3-5　上证综指走势（1990年12月~2012年8月）

数据来源：通达信

　　1990年12月19日，上证指数从96.05起航，当天成交12.6万股，成交金额为49.4万元。这个数额恐怕还不如现在一位中小投资者个人完成的交易量。但就是从8支股票开始，中国资本市场迈向了新的征程。当时交易制度实施1%的涨跌停板（后改为0.5%），到了1992年5月，在取消涨跌停板的刺激下，上证指数一举达到1429点的新高。但冲动过后，市场开始价值回归。由于不成熟，当时的股市波动极大，仅仅半年时间股票价格指数就从1429点跌回到386点。

　　然而，这270%的跌幅在1992年11月到1993年2月间就全部涨了回来，实现了3个月从386点到1558点的突破。快速牛市上涨完成后，股市的大扩容也就开始了。伴随着新股的不断发行，上市公司数量迅速膨胀，上证指数也逐步走低，到了1994年7月29日，股指跌回到了325点。

　　面对股市的一片萧条，股民信心丧失殆尽，甚至一度传言监管层将关闭股票市场。为了挽救市场，1994年7月30日，相关部门出台三大救市政策：本年内暂停新股发行和上市；严格控制上市公司配股规模；采取措施扩大入市资金范围。在政策的推动下，股指重拾升势，1994年9月13日就攀升到了1052点，一个半月时间

生活中点石成金的财务资讯

内股指涨幅达到200%，为世界所惊叹。但是，股价不断被炒高，就总有无形的手将股市打低，在1995年5月17日，股指又回到了577点，跌幅近50%。

1995年5月18日，股市因受到管理层关闭国债期货消息的影响而全面暴涨，三天时间股指就从582点上涨到926点。短暂的牛市过后，股市又重新下跌，至1996年1月19日，股指达到阶段低点512点。彼时绩优股股价普遍超跌，新行情条件具备，崇尚绩优开始成为市场主流投资理念。然而，在绩优股得到了充分炒作之后，股指又重新开始下跌。1995年至1996年间，股市继续疯狂扩容，股本规模出现了难以想象的扩张，严重的供需矛盾使二级市场出现极度失血。

到了1999年5月19日，受国际互联网投资热潮的带动，网络概念股集体发力将上证指数推到了2245点的历史新高点，这就是传说中的"5·19"行情。伴随这一轮波澜壮阔的大牛市，证券投资基金也出现了历史上罕见的大发展。然而受股权分置改革的不明确所累，从2001年6月到2005年6月，中国股市度过了调整时间最长的熊市，股指从2245点一路下跌到998点，部分券商在这场没有硝烟的战争中倒闭，两市一度有200多支股票跌破净资产，600多支股票创历史新低。

这段时间里，中国经济快速发展的预期逐渐稳定，上市公司的基本面也逐步提升，证监会更是对股权分置问题提出了照顾流通股股东利益的解决方案，沉寂了四年的中国股市又有了上涨的动能。从2005年6月6日的998点上升到2005年9月20日的1223点后，上证指数盘整两个多月后开始一路狂飙。2006年和2007年，随着中国股指的暴涨，中国股民全体陷入了一种莫名的狂热之中。特别是在2007年4、5两个月，上证指数从3000点上涨到了4200点，涨幅高达40%，有超过一半的人实现投资翻番。于是，从退休赋闲的大爷大妈到普通上班族，大家都争先恐后地拿出积蓄投入股市，甚至连象牙塔里的学生也悄悄拿学费来炒股。一时间，证券公司的新开户数成倍上升，有些营业部甚至超出了负荷。在新开户的股民中，很多人根本上就不知道股票是什么东西，更不知道股票怎么交易，还有人甚至连大字都不识几个。世界惊叹，中国疯了。

但只要是泡沫，无论表面多么美轮美奂，始终有破灭的一天。2007年11月，

3　理财工具背后的故事

在创下 6124.04 的历史最高点后，上证指数就展开了大跳水，不少在高位接盘的人因此被深度套牢，此后的漫漫熊途更是折杀了不少人的心。与此同时，美国次贷危机在全球蔓延，中国经济也遭受波及。2008 年 11 月，上证指数创下 1678 点的新低。部分人选择割肉出局，还有的倾家荡产后跳楼，更多的则是默默忍受资产缩水的苦痛，沦为"被套"一族。网民戏称，被套股民用他们的智慧、泪水、辛勤的劳动和自己的口粮促成了我国股市的健康稳定发展，为国有经济转制、为改革开放作出了巨大贡献。更有股民豪言："套得住我们的金钱，套不住我们的勇气；套得住我们的现实，套不住我们的梦想！"

为了维持经济稳定，早日摆脱金融危机，2008 年年底，国家提出了四万亿投资计划，于是股指应声重新走强，并在 2009 年 8 月重回 3478 点的高位。但一味依赖政策的拉动终究不是长远之计，信贷的过度放松更是引发了国内房价的暴涨和通货膨胀的升级。自此以后，上证指数就开始上演急涨缓跌的拉锯战。2010 年与 2011 年，上证综指分别下跌 14.3% 和 21.7%，位居世界主要经济体股指跌幅榜首。面对熊冠全球的中国股市，股民们伤心，管理层忧心，上市公司也不开心。即使进入 2012 年，情况也没有特别好转。特别是 2012 年 7 月，中国股市由于连续大跌，在全球股市本年跌幅榜上排名第三，仅次于债务危机缠身的西班牙和希腊。反观全球，日本、韩国等亚洲股市年初以来均取得上涨成绩，欧洲多数国家股指亦获得了上涨，甚至连经济萎靡不振的美国，截至 7 月 30 日，道琼斯指数年初以来也累计上涨了 7%。

一般而言，股市被认为是经济的晴雨表，但对于中国股市，指数却出现了迷失。2012 上半年我国经济增速仍处于 7.8% 的高位，在全球主要经济体中排名第一。那么，究竟是什么吞噬了指数的增长？在本书第四章中，我们将继续深入了解股市扩容、大小非减持以及上市公司增发等一系列股市低迷背后的原因。

生活中点石成金的财务资讯

(单位：点)　　　　　　　　　　　　　　　(单位：万亿元)

图3-6　中国上证综指走势（左）和GDP（右）对比

数据来源：通达信、世界银行

● 波澜起伏的基金

新闻链接

基金上半年盈利近千亿　扬眉吐气打了翻身仗

时间：2012年08月29日　来源：中财网

　　今日，2012年度基金半年报披露完毕，基金前六月"账簿"亮相。天相投顾数据统计显示，67家基金公司旗下1085支基金上半年合计盈利997.56亿元，这也成为2010年以来基金"最赚钱的上半年"。期间，各类型基金整体均有盈利，公司规模与盈利呈现明显正相关，华

3 理财工具背后的故事

夏、嘉实和易方达等大公司旗下基金上半年合计盈利均超 70 亿元。

历史数据显示，2008 年市场由牛转熊，上半年和全年基金整体分别亏损 10 732.25 亿元和 14 971.11 亿元；2009 年基金实现大翻身，全年整体实现利润 9 102.46 亿元；然而好景不长，2010 年以来，在基础市场持续震荡的情况下，基金利润萎靡不振，其中 2010 年上半年整体亏损 4 397.53 亿元，全年微赚 50.82 亿元；2011 年上半年和全年更是分别亏损 1 254.33 亿和 5 004.26 亿元。

数据显示，偏股型基金无疑是上半年的"纳粮大户"。年初市场资金面较为宽松，国内预期修正，市场风险偏好上升，国内资本市场有所反弹；尽管二季度市场开始调整，但上半年指数先涨后跌，整个沪深 300 指数其间涨幅为 4.94%。此外，部分基金及时控制仓位，重兵转移至防御板块，在一定程度上抵御了二季度的下跌。整体来看，股票型基金上半年盈利 508.30 亿元，混合型基金盈利 241.40 亿元，两者合计将 749.70 亿元的利润揽入囊中，占所有产品总利润的 75.15%。

点评：巴顿·比格斯在《对冲基金风云录》中向普通民众展示了华尔街投资生存战中的弱肉强食。在这些勇敢者的游戏中，危险与魅力并存的基金无疑是最引人注目的。虽然现在基金已经走下神坛进入千家万户中，但很多人对基金仍是一知半解，下面就让我们一起来揭开基金的神秘面纱。

○ 基金是怎么运作的？

我们平时所谈论的"基金"，狭义上即是证券投资基金。一般地，证券投资基

生活中点石成金的财务资讯

金通过公开发售基金份额的方式募集资金，然后由基金托管人（商业银行）负责托管、基金管理人（基金公司）管理和运用，为基金份额持有人（投资者）服务，以资产组合方式进行投资盈利，奉行"利益共享、风险共担"。按照投资标的不同，基金可以划分股票基金、债券基金、货币市场基金等。

虽然中国曾经出现了不少被冠以基金名号的机构，但1998年基金开元和基金金泰的成立才正式宣告证券投资基金登上了资本市场的舞台。直到现在，这两支元老基金仍然活跃在市场上，到2009年9月18日，基金开元和基金金泰成立以来累计净值增长率分别达到了537.68%和448.71%。2011年年底时，我国已经拥有了69家基金管理公司，1079支证券投资基金，全部基金资产净值21 918.40亿元，份额规模为26 509.93亿份。

对于很多基民来说，他们唯一需要做的只是选择时间购入基金，至于基金公司所募集的几十亿甚至上百亿的资金是怎么操作的，他们并不关心。其实，基金运作不单单只是基金公司的事，基金公司的运作流程直接反映了基金的选股特点和收益特点，体现了一支基金对待风险的态度和风险防范能力，而这直接关系到投资人的利益。

例如业内知名的中邮创业基金管理有限公司（以下简称中邮基金），经历了2006年的创立，2007年的声名鹊起，2009年的业绩重新抬头，再到2010和2011年的业绩一落千丈，这几番波折之后中邮基金也被业内公认为"最激进"的基金公司。2012年以来，多数基金公司的权益类产品打响了翻身仗，可中邮系基金业绩表现依旧糟糕，在同类产品中集体处于倒数之列。特别是中邮核心成长，更被誉为股票基金"第一亏"，从2011年到2012年上半年，已累计亏掉72.98亿元。在中邮核心精选的基金吧内，一基民愤懑地表示自己在2007年申购的1万元基金到现在只剩4千多元。全军覆没的惨烈战局让中邮基民无奈发出了"问君能有几多愁，恰似有基是中邮"的感叹。

因此，了解基金的运作对投资者来说是相当重要的。

以股票型基金为例。在基金公司中，投资决策委员会是基金运作的最高权力机构，它在基金运作时会制定整体投资战略。同时，基金公司还会设置一个叫做"研

3 理财工具背后的故事

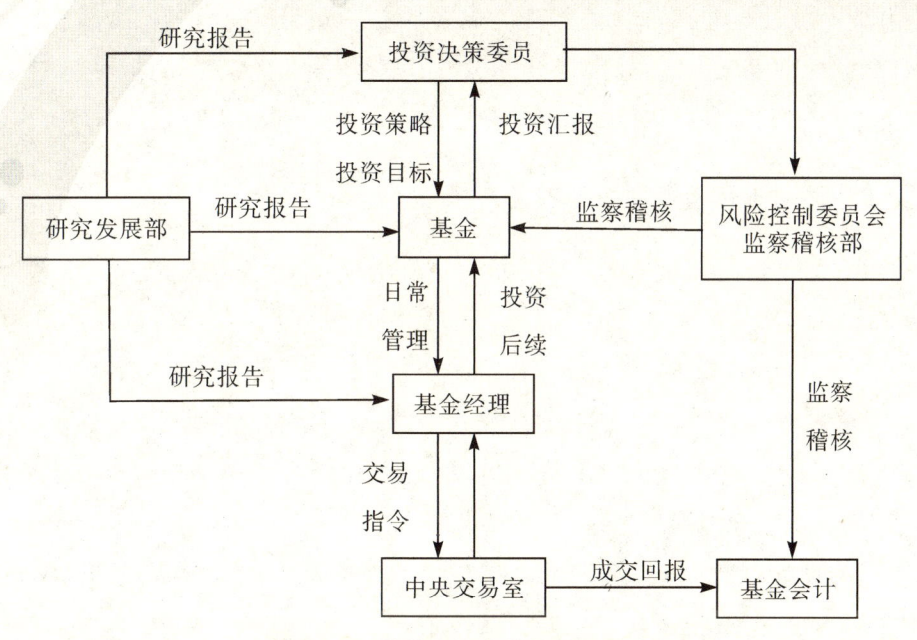

图 3-7　某基金投资管理流程示意

资料来源：证券时报

究发展部"的部门，根据一些机构的研究成果，构建股票备选库，对拟投资对象进行持续跟踪调研，以提供个股、债券投资决策支持。一支基金的具体表现，在很大程度上由其实际掌舵人——基金经理决定。基金经理根据投资决策委员会的投资战略，在研究部门研究报告的支持下，结合对证券市场、上市公司、投资时机的分析，拟订所管理基金的具体投资计划，包括资产配置、行业配置、重仓个股投资方案，等审批通过后就可以向中央交易室交易员下达交易指令了。

投资人汇集起来的几十亿上百亿资金就这样通过中央交易室流向股市或者债市。新基金一般有3个月的建仓期，基金建仓完毕，标志着基金在一定时间内保持相对稳定的资产配置。

建仓完毕后，基金公司内部并不是就等着看股市、债市的上涨，研究人员还要定期对基金进行绩效评估，并向投资决策委员会、投资部负责人提交综合评估意见和改

生活中点石成金的财务资讯

进方案，中央交易室会将有关信息反馈给基金经理。还有另外一个相对独立的部门叫"风险控制委员会"，这个部门必不可少，其工作内容主要是对识别、防范、控制基金运作各个环节的风险全面负责，尤其是重点关注基金投资组合的风险状况。

○ 集合理财 + 专业管理 = 高收益？

自基金诞生之日起，营销人员一直在不遗余力地宣传基金的众多优点，这些优点集合起来可以归纳为三方面：

（1）集合投资。基金对投资的最低限额要求不高，可以最广泛地吸收社会闲散资金，集腋成裘，汇成规模巨大的投资资金。在参与证券投资时，资本越雄厚，优势越明显，而且可能享有大额投资在降低成本上的相对优势，从而获得规模效益的好处。

（2）分散风险。俗话说"不能把鸡蛋放在一个篮子里"，基金凭借其集中的巨额资金，在法律规定的投资范围内进行科学的组合，分散投资于多种证券，实现资产组合的多样化。通过多元化的投资组合，一方面借助资金庞大和投资者众多的优势使每个投资者面临的投资风险变小；另一方面，利用不同投资对象之间收益率变化的相关性，达到分散投资风险的目的。

（3）专业理财。基金实行专业理财制度，由受过专门训练、具有丰富证券投资经验的专业人员运用各种技术手段收集、分析各种信息资料，预测金融市场上各个品种规定价格变动趋势，制定投资策略和投资组合方案，从而避免投资决策失误，提高投资收益。对于那些没有时间，或者对市场不太熟悉的中小投资者来说，投资基金可以分享基金管理人在市场信息、投资经验、金融知识和操作技术等方面所拥用的优势，从而尽可能地避免盲目投资带来的失误。

但是，这样貌似完美的投资方式，在实际操作中能取得一份漂亮的成绩单吗？

被誉为"有史以来最伟大的投资经典"一书——《漫步华尔街》的作者马尔基尔（Malkiel）并不这样认为。作为"市场有效假说"观点的拥护者和倡导者，他认为任何试图长期取得超额收益的方法都是无效的，人们不能战胜市场，只能获取市场平均收益水平。在马尔基尔这本创作于 1973 年、历经十次再版、总销量超过 100 万册的名著里，他提到了一个有趣的想法：让一只蒙着眼睛的猴子向《华尔街日报》的股票列表投掷飞镖，选出的股票组成投资组合，不会比专家精挑细选所得出的组合表现差。

这颇有挑衅色彩的话理所当然地惹怒了一群投资顾问和理财专家，也引起了人们的广泛讨论。为了验证这个观点（又或许是为了娱乐读者），1988 年《华尔街日报》专门开设了一个叫做《投资飞镖》的专栏，报社的四名工作人员蒙上眼睛代替猴子投掷飞镖各选出一支股票，又从投资界邀请四位专业人士，安排他们每位挑选一支股票。于是，由八支股票组成的两个投资组合就此形成。《华尔街日报》设定：六个月为一轮比赛周期，六个月后按股价定输赢，每轮比赛后"专家队"的四个专家中成绩较差的两位将被淘汰，由新增的两位专家替补重新组队，然后再继续进行下一轮的比赛。这些比赛一共进行了 100 次，历时十四年之久，最后"猴子队"赢了 39 次，"专家队"赢了 61 次。同期道琼斯指数的六个月平均收益为 6.8%，专业人士选的组合最后平均涨幅达到了 10.9%，而"猴子"通过投掷飞镖选出的组合平均收益率仅为 4.5%，不但低于专业人士，还低于市场的平均表现。无论从场次看还是从回报率看，马尔基尔的观点都被击败了。

但马尔基尔教授却不服气，他提出了两点反驳的理由：第一，专家队为求胜出而大量刻意选择高风险性的股票，而比赛结果又没有按照风险因素进行调节修整，有违背"有效市场假说"的条件；第二，《华尔街日报》公开邀请专家组队并公布专家所选股票的做法，本身就起到了推高这些股票的作用，而且专家们为求胜出还通过各种渠道和媒体刻意鼓吹自己所选的股票，从而人为地抬高了市场价格，而"猴子队"所选的股票则无人关注。此外还有人拿"专家队"这 100 个月的业绩去和同期的道琼斯工业指数（DJIA）作比较，发现"专家队"仅仅以 51∶49 的微弱优势胜出，似乎投资者与其花钱雇请投资专家，不如自己直接跟着道琼斯工业指数算了。当然，《华尔街日报》最后也没有正式宣布哪一方取得了比赛的胜利，直到现在，这场比赛仍然不时被提及并为人所津津乐道。

生活中点石成金的财务资讯

而在中国,据银河证券基金研究中心统计,自2001年以来,截至2011年9月30日,股票方向基金为投资获得的绝对收益累计达到4700亿元,剔除申购赎回费用的累计收益率为33%,相对于市场基准取得了7.2%的年化超额收益。总的来说,基金行业总体上还是取得了较为优良的投资业绩。

○ 剪不断的基金黑幕

事实上,决定基金业绩的因素还远不止其专业水准和市场环境。

2000年10月,《财经》杂志以"基金黑幕"为题,用大量篇幅揭露了基金业光鲜背后的丑闻,展示了部分基金持续亏损的原因。在文章里,在维持市场稳定方面被寄予厚望的基金不仅像散户一样追涨杀跌,助推市场波动,更如庄家般肆无忌惮地施行包括对倒、对敲、关联交易、内部交易、高位接货等违法操作手段。因此,文章一经刊出便激起千层浪,引发了市场极大震动。

随后,大成等10家基金管理公司在国内三大证券报上联合发表声明,坚决否认《财经》杂志的相关报道,还扬言要追究其法律责任。而到了2001年3月23日,中国证监会公布了对这10家基金公司的调查结果,认定有8家存在违规行为。更具戏剧性的是,2001年6月,原嘉实基金的董事兼总经理洪磊——这场基金黑幕的揭发者、内幕人士眼中的叛徒,被朱镕基总理钦点为中国证监会基金监察部副主任。

"老鼠仓"也是中国基金业的一个痼疾。"硕鼠硕鼠,无食我黍。"在基金业中,所谓老鼠仓指是指基金从业人员在使用公有资金拉升某支股票之前,先用个人资金在低位买入该股票,待用公有资金将股价拉升到高位后,其率先卖出个人仓位进而获利的行为。而参与基金投资的机构和基民的资金则可能因此被套牢,利益亦受到损害。

除此以外,基金管理费也存在许多猫腻。我们知道,基金公司的主要收益来自按照所管理基金的净值总额计提的基金管理费。目前,基金管理费多数采用按基金净值1.5%固定提取,尤其是股票型基金。管理费是维持基金基本运营的费用,其存在是必要的。但是管理费率与基金运作的业绩不挂钩却是不争的事实,更有甚者还利用基金管理费来谋取私利。

3 理财工具背后的故事

据业内人士透露，基金管理公司注册资本多为 1 亿元左右，而基金管理公司所控制的基金净值规模多在 50～100 亿元甚至更多。哪怕只管理一个基金，注册资金 1 个亿、基金净值 100 亿元，管理费一年收入就是 1.5 个亿，管理两个基金就是 3 个亿……且不管是否面临发行后的巨大赎回压力，也不管基金运营是盈利还是亏损，只要钱过手就留下了管理费。

2008 年，中国股市单边下跌，其中沪深 300 指数下跌 65.9%，国内基金在此轮市场调整中也受到了不同程度的影响。有数据统计，60 家基金公司旗下 424 支基金中有 316 支基金出现亏损，亏损面达到了 74.5%，累计亏损额达到惊人的 1.5 万亿元。扣除公允价值后，上述基金 2008 年已实现收益为 -5778 亿元。可出乎市场预料的是，2008 年公布年报的 60 家基金管理公司合计获得了各类基金管理费总计 306.74 亿元，相比 2007 年度 279.11 亿元，上升了近 10%，再创年度管理费收入的历史新高。而就在过去的 2011 年，全基金行业累计亏损 5004 亿元，亏损金额仅次于 2008 年，基金公司依然将 288.63 亿元的管理费用轻松收入囊中。

表 3-1　　　　　　　　　近年来基金资产和管理费数据

年份	基金总数	基金份额（亿份）	基金资产净值（亿元）	每份资产额（元）	管理费用合计（亿元）
2003 年	110	1 632.76	1 715.61	1.05	16.69
2004 年	161	3 308.72	3 258.12	0.98	32.36
2005 年	218	4 714.92	4 691.16	0.99	38.60
2006 年	308	6 220.79	8 564.61	1.38	52.56
2007 年	346	22 331.61	32 755.90	1.47	279.11
2008 年	439	25 741.30	19 388.67	0.75	306.74
2009 年	557	24 535.95	26 695.44	1.09	297.62
2010 年	704	24 228.41	24 972.49	1.03	316.39
2011 年	914	26 510.50	21 676.26	0.82	288.63

数据来源：万得资讯

生活中点石成金的财务资讯

基金公司辩称他们也不过是为银行打工，除了在新基金发行期到处拜访银行渠道外，每年还必须向银行"上交"大笔的尾随佣金（即客户服务费）。统计数据显示，2011年64家基金公司共向银行派发了46.97亿元的尾随佣金，较2010年增长了2.06个百分点，而这部分资金占据了基金全部管理费收入的16.27%，但这不是也不能是基金公司维持高管理费率的理由。

遗憾的是，目前国内还未有能够对基金管理费用产生有效约束的监督机制。普通投资者对于基金管理费率的制定也缺乏话语权。我们急切希望有关部门能尽早制定出相关法律条规，还基民们一片纯净的蓝天。

● 避险求稳的债券

新闻链接

低风险理财工具对比：凭证式国债跑赢银行利率和通胀

2012年7月14日　来源：经济日报

最近新发的2012年第一期凭证式国债，3年期票面年利率5.58%，5年期票面年利率6.15%，预期收益均超过同期银行定存利率，发行当日开市即被抢购一空。

凭证式国债，是老百姓最熟悉、也最热衷于购买的债券，那些银行门口半夜排队的人群，多是购买这种债券的。凭证式国债由于收益率高于同期银行定存利率、购买门槛低（100元起），往往早上8点半刚上市即售罄，投资者甚至在早上9点开门的营业部都未能买到，所以就出现了"国债买不着"的局面。

从凭证式国债热销的情况来看，市场对有一定收益预期的固定收益

3 理财工具背后的故事

类产品存在巨大需求。投资者通常希望找到一款能跑赢同期银行定存利率并战胜通胀的产品，从操作性考虑要方便及时存取，又要能买得着，这样的产品实在不多。

点评：当银行理财产品收益率频频跳票，当大盘指数长期于低谷徘徊，当基金受股市所累收益惨淡……虽有"你不理财，财不理你"的箴言在耳，但谁都不愿意见到自己数额有限的财富在一次又一次倒腾中渐渐缩水。在强烈的资产保值需求下，低风险理财工具中的债券又再次为人所追逐。

◎ 潜力无限的债券市场

债券是一种有价证券，是社会各类经济主体为筹集资金而向债券投资者出具的、承诺按一定利率定期支付利息并到期偿还本金的债权债务凭证。与股票的永久性不同，债券具有规定的偿还期限，而且债券持有人的收益性相对稳定，不随发行者经营收益的变动而变动，还可以按期收回本金。票面利率是影响债券最关键的因素，它是债券年利息和债券票面价值的比率，对投资债券的收益起着决定作用。而债券利率也受到很多因素的影响，它与市场利率的高低、债券发行人的信用风险、债券期限的长短呈同方向变化。

经过20多年的发展，我国已经基本形成了一个全国统一、多层次、面向各类经济主体的具有中国特色的债券市场框架，债券市场产品结构也日益丰富。现在，我国的债券市场分为银行间债券市场和交易所债券市场。银行间债券市场在我国债券市场中占据了主要地位，商业银行、农村信用联合社、保险公司、证券公司等金融机构都在该市场进行债券买卖和回购，其主要交易品种有政策性银行债券、央行票据、短期融资券、国债和企业债。交易所债券市场则以非银行金融机构和个人为主体，主要交易品种有国债、企业债和可转债等。

生活中点石成金的财务资讯

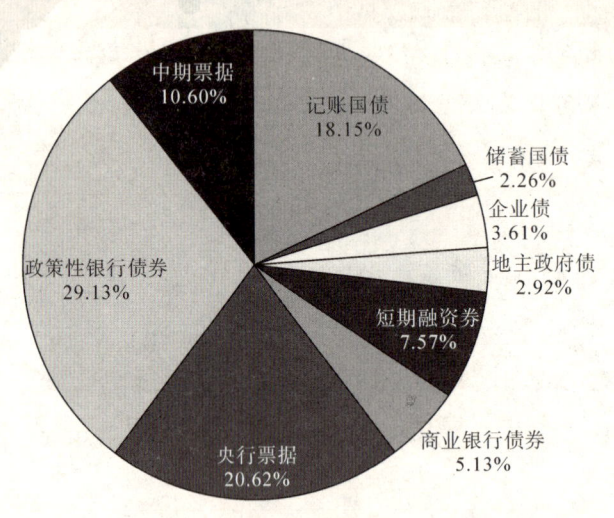

图 3-8　2011 年我国各券种累计发行量占比

数据来源：中国债券信息网

　　实践证明，一个发达的债券市场不仅是实体经济重要的直接融资渠道，它对我国货币政策传导机制的完善、贷款利率市场化、系统性金融风险的防范等一系列战略性目标和改革方略的实现都有非常重要的意义。

　　而据统计数据显示，2011 年我国各类金融机构的贷款占社会融资规模的比例高达 75% 左右，同期企业债券和股票融资占比只有 14%，直接融资与间接融资结构比例失衡的问题十分明显。在成熟经济体的资本市场上，股票市场要显著小于债券市场，债券市场是资本市场的主体。我国债券市场虽然已实现"跨越式"发展，已经成为资本市场中"更加重要的组成部分"，但并未成为资本市场的主体。虽然 2011 年年末中国债券市场存量达 23 万亿元，接近 GDP 的 50%，这一数据规模居世界第五、亚洲第二。但与一些发达国家相比，这一占比并不算高，美国是 172.94%，英国是 73.28%，德国是 78.89%，相较而言，中国的债券市场仍有巨大的发展空间和潜力。而《2012 年政府工作报告》中提出要"积极发展债券市场"，同时，证监会主席郭树清也多次表示，要大力发展债券市场，显著提高公司类债券融资在直接

3 理财工具背后的故事

融资中的比重,这都意味着债市发展已驶入了"快车道"。

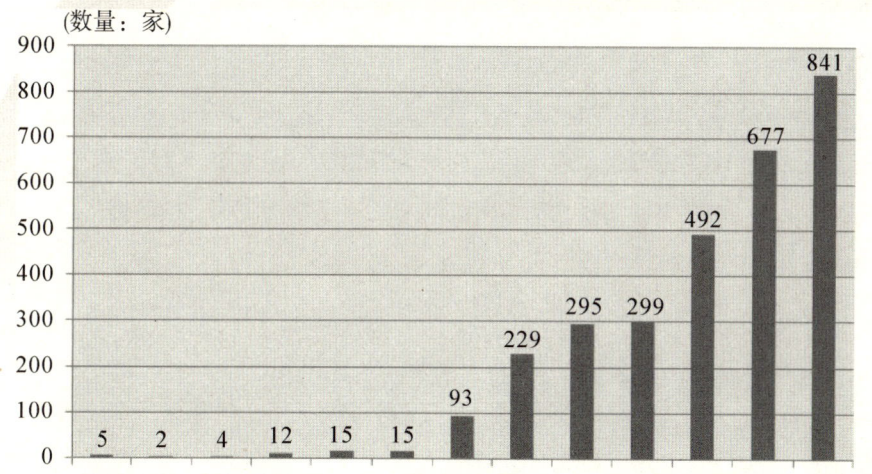

图3-9 1999年~2011年发行企业债和中短期票据的企业数量变化

数据来源:中国债券信息网

○ "金边"国债

国债,又称国家公债,是国家以其信用为基础,按照债的一般原则,通过向社会筹集资金所形成的债权债务关系。政府发行国债的目的往往是弥补国家财政赤字,或者为一些耗资巨大的建设项目、某些特殊经济政策乃至战争筹措资金。国债被誉为最安全的投资工具,因为国债的发行主体是国家,国家以自己的财政税收、政府信誉作为担保,除非国家灭亡,否则国债不会违约,它也因此被称为"金边"债券。

从债券形式来看,我国发行的国债可分为凭证式国债、储蓄国债、记账式国债、无记名国债以及特别国债和长期建设国债等,我们日常生活中主要接触的是前三种。

其中,凭证式国债和储蓄国债是许多理财专家推荐的投资品种,一般要在指定

生活中点石成金的财务资讯

的银行才能够购买。凭证式国债是一种国家储蓄债，可以记名和挂失，以凭证式国债收款凭证记录债权，不能上市流通，其购买门槛非常低（100 元起），从购买之日起计息。储蓄国债又称电子式国债，是政府面向个人投资者发行，以吸收个人储蓄资金为目的，满足长期储蓄性投资需求的不可流通的记名国债品种，机构投资者诸如基金、券商等不得购买储蓄国债。与凭证式国债相比，储蓄国债以电子记账方式记录债权，免去了投资者保管纸质债权凭证的麻烦，安全性更强。这两类国债的利率一般要高于同期银行定期储蓄。以 2010 年 11 月 15 日发行的第九、十、十一期储蓄国债为例，1 年期票面年利率为 2.85%，3 年期票面年利率为 4.25%，5 年期为 4.60%。而同期银行定期储蓄，1 年期的年利率是 2.50%，3 年期是 3.85%，5 年期的年利率是 4.20%，如果买凭证式国债，1 万元的本金，1 年期的国债多得利息 35 元，3、5 年期每年多得 40 元。如果中途提前赎回，要扣除一定比例的本金作为手续费，并按持有时间长短分段计算利息。

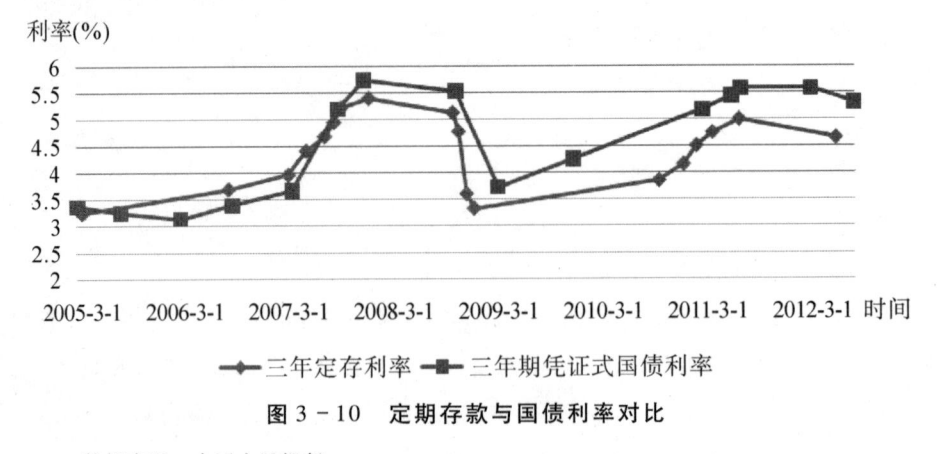

图 3-10　定期存款与国债利率对比

数据来源：中国人民银行

记账式国债则通过证券交易所的交易系统发行和交易。投资者要参与记账式国债买卖，必须首先在证券交易所开设账户。由于记账式国债的发行和交易均实现了无纸化，所以效率高，成本低，交易安全。不过这种国债年利率比凭证式国债和储蓄国债低，而且期限还比较长，目前我国国债最长的期限是50年。记账式国债的优点是可以随时买进和卖出，不必持有到期就可以变现，其价格跟股票一样是上下浮动，买卖原理也同股票类似。记账式国债到期后，国家按照100元/张的价格赎回。记账式国债最低交易是1手，1手等于10张，即1000元面值。购买记账式国债的收益主要来自资本利得，即债权人到期收回的本金与买入债券之间、中途卖出债券与买入债券之间的价差收入。

正是由于国债的安全性高、流动性强、收益稳定，再加上免税待遇（根据《个人所得税法》规定，个人投资的国债利息收入可免征所得税），国债成为了许多稳健投资者的最佳选择。国债不仅仅是保值增值的工具，更是一种理想的投资工具。投资者持有国债以后，一是可以将国债作为质押向银行申请贷款，二是可以将未到期的国债提交银行贴现，三是可以将国债进行市场投资交易。

从1994年突破1000亿元，到2010年的19 778亿元，我国国债的发行正处于不断增速扩容中。适度增加国债发行符合当前宏观经济调控和金融改革的要求，增发长期国债还能作为解决债市诸多难题的突破口。另外，我国国债发行规模实行的是年度额度管理制度，即下一年度国债发行计划，通常是在上一年第四季度制定。而国债具体的规模，则要看银行存款利息高低，以及股票市场的走势和通货膨胀率的大小。

4 解读上市公司资讯

● 这些术语必须吃透

○ IPO，想说爱你不容易

新闻链接

狗不理集团IPO排队中 售价昂贵被指"包子中的LV"

2012年2月2日　来源：中国网

2012年2月1日，证监会发行监管部首次公开发行股票审核工作流程及申报企业情况，天津狗不理集团出现在了此次排队首次公开发行（IPO）上市的"队伍"中。

近年来，"狗不理"包子的价格备受外界关注，1月29日有网友在微博中表示："在天津吃狗不理包子，8个小包子要100元，一碟花生米58元，味道与街边相仿，而且环境也相当一般。"随着该条微博被疯狂转载，天津狗不理"天价"包子也成为社会讨论的热点。有网友戏称，这包子顶得上奢侈品了，狗不理不如去卖LV吧。

对于"狗不理"的上市前景，有业内人士表示，近几年来，餐饮企业IPO均出现受阻现象，此次狗不理IPO或是抱住了中华老字号的"大腿"，但该人士估计也是前景堪忧。在此之前，知名餐饮连锁企业俏江南IPO被终止审查，无缘在A股上市。

4 解读上市公司资讯

> 点评：在2012年2月证监会公布的申报上市企业名单中，深沪两市共有近500家企业等待上市。这个数量引起了部分投资者的猜疑和疑虑。是什么吸引如此多的企业不计成本地涌入IPO的浪潮？投资者又从这天量的IPO中获得多少收益？

IPO利弊及流程简析

首次公开发行（Initial Public Offerings，以下简称IPO）指的是一家公司第一次面向社会公众公开募集股金的发行方式。与定向增发、配股等方式不同，公开发行没有特定的发行对象，所有合法的社会投资者都可以参加认购。首次公开发行后这家公司就算上市了，但是上市却不一定要首次公开发行。即首次公开发行是上市的方法之一，却并非唯一。在后面的内容中，我们还会接触到"借壳上市"这个概念。

首次公开发行上市就一定好吗？这个答案似乎是肯定的。可以想象，如果上市成功，公司就可以获得大量新的资金，或用来拓展现有销售渠道，或研发新的产品。由于股票的不可偿还性（买了股票的人不能要求公司退股，只能转让），所以这笔巨资对于公司来说相当于从天而降！上市后，公司股票的变现能力也随之提升。没上市之前股票买卖在寻找合适的交易对手方面比较困难，而现在公司的股票通过在线交易系统等方式在市场上流通极其便利。同时，公司知名度也大大增加，人们很容易把上市公司等同于规模大、实力强的公司。公司价值也可以得到比较准确的估算。股价高低通常取决于投资者对公司的认可程度，一家公司的股票总市值可以帮助我们了解到公司在投资者心中的价值。

但凡事有利就有弊，上市也会给公司带来一定的不便。首先，发行新股是在原有股票的基础上新增加了股票，股份的总数变大了，原来的股东如果不参与新股票的认购，在股本总数变大的情况下，他们的持股比例（持有股份数量除以股份总数）就会随之降低。相应地，股票所代表的控制权也被稀释，甚至可能导致原有股

生活中点石成金的财务资讯

东失去其控制地位。其次，为使投资者能对公司有充分的了解，上市公司被要求必须对外公开自己的经营状况和财务资料，原有股东的一些行为会因此受到限制。再者，维持上市地位需要支付很高的费用，比如上市公司年报审计必须雇请具有相应资格的会计事务所，而这些会计事务所的要价当然不菲。

不过总的来说，上市带来的收益要大于付出的成本。这是笔划算的买卖。因此，随着社会经济的发展，越来越多的公司都以上市为目标而奋斗着，但是仍有不少优质公司选择了保持其非上市地位，其中最著名的当属华为。

当一家满足条件的公司决定要首次公开发行上市后，它需要做些什么呢？按照我国《公司法》的规定，公司分为有限责任公司和股份有限公司两类，我们就以前者为例进行说明。

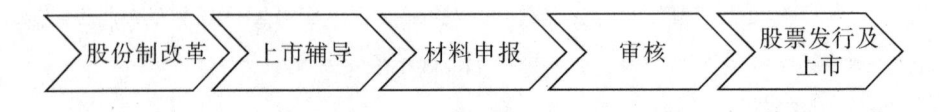

股份制改革 → 上市辅导 → 材料申报 → 审核 → 股票发行及上市

图 4-1 有限责任公司 IPO 流程

对于有限责任公司来说，迈向首次公开发行的第一步是进行股份制改革，因为只有股份制公司才有资格申请上市。这时公司要选择一家或几家具有保荐、承销资格的证券公司（别称投行）来做上市辅导，帮助公司明细产权、完善法人治理机构、减少和规范关联交易、突出主营业务等，以适应监管部门的要求。通过不断地与公司进行沟通、交换意见，投行会制定一套具体的上市方案，初步确定上市板块、发行规模、发行价格等。

股票面值与股票发行价格不同。面值是股票票面上标明的金额，代表了每一份股份占总股份的比例。股票的发行价格则是首次公开发行时的售价。发行价格的确定十分重要，合理的发行价格能够有效地平衡发行人和投资者的利益，有利于新股的成功发行。尽管我国法律明确规定禁止折价发行股票（即股票价格低于股票面

4 解读上市公司资讯

值),但现在的证券公司一般都会竭力吹捧拉高股票价格,也由此创造了许多一夜暴富的神话。例如2010年5月6日上市的海普瑞(002399)就爆出了148元的天价,其创始人李锂、李坦夫妇据此坐拥426.29亿元的身家。

选择上市板块也是关键一环。我国的证券市场可以分为四个层次:主板、中小板、创业板和三板(全称为代办股份转让系统)。主板主要面向经营相对稳定、盈利能力较强的大型成熟企业,比如中国石油(601857);中小板主要面向进入成熟期但规模较主板小的中小企业,比如东方雨虹(002271);创业板主要面向尚处于成长期的创业企业,比如华谊兄弟(300027);而三板则主要向退市公司、非上市股份公司、中关村高新园区股份公司等提供报价转让服务。一般的投资者能够参与买卖的主要是前三个板块,这三个板块也统称为A股(即人民币普通股)市场。各个板块对上市的要求也不尽相同,公司需要结合自己实际条件选择最适合的板块。

准备材料完成后,就可以向中国证监会提出申请了,当然我们得提前确定现在证监会是否允许新股发行,因为在A股历史上曾由于各种原因共有7次首次公开发行被暂停。经过预审、初审和发审三个阶段,开过见面、反馈、部例和发审四次会议,符合条件的申请者最终才换得证监会一纸通过公文,这时公司就可以最终确定并大量印刷招股说明书,并展开路演和询价。"路演"这个词常常出现在报纸上,说的就是股票发行的推介,证券公司会把公司的业绩、产品、发展方向等向投资者作详细介绍,阐明公司的投资价值。而"询价"则是证券公司向具有相应资格的机构咨询并确定的每股价格,这个价格经证监会批准后就是最终的发行价格。以上任务完成后,就可以进行首次公开发行了。

融资还是圈钱?

中国证券市场诞生于20世纪90年代。在改革开放初期,各种机会纷纷涌现,企业想要抓紧这股潮流却面临着资金短缺的难题。为了解决融资困难,弥补财政资金不足的尴尬,同时分担银行信贷压力,国家经过反复讨论后终于决定成立证券交易所,希望为企业提供一个新的融资平台。一些公司据此向社会公众募集资金,从

生活中点石成金的财务资讯

而得到快速成长,甚至成为行业的领头者。然而,随着时间的发展,股市原本的融资功能正在逐渐向"圈钱"发展。

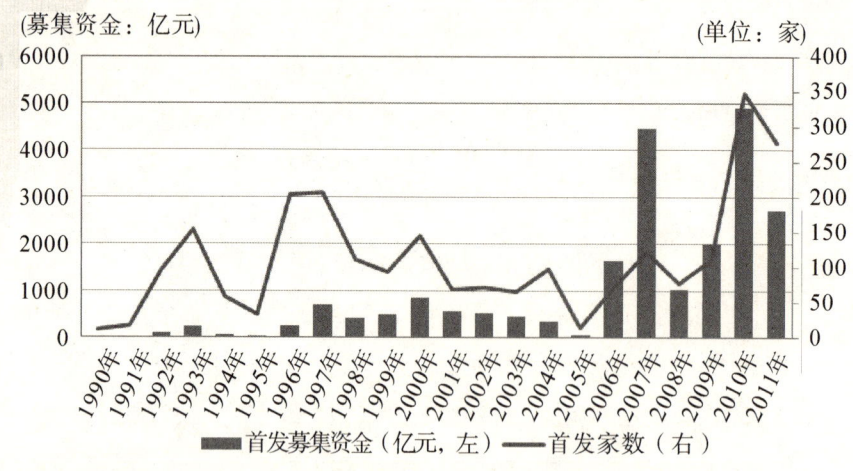

图4-2 1990年~2012年IPO公司及募集资金数量

数据来源:万得资讯

从1990年到2011年,我国沪深股市共发行了2453支新股,共募集资金21 912亿元,成为全世界募资融资最密集最多的市场。甚至在2008年,中国股市大跌73%,在全世界几十个股市中表现最差,沪深股市依旧顽强发行上市新股77家,募资3 357.8亿元。有金融证券专家认为,正是因为从股市里短时间募集资金得到的收益远远超过通过搞实业、艰苦奋斗很多年得到的收益,所以,无论国有企业、私营企业还是合资企业都有"强烈的投资饥渴欲望及扩张冲动"。

除了密集的首次公开发行从股市中抽血外,新股的定价和发行还存在一系列问题,高发行价、高市盈率和高比例超募这新股"三高"病像魔咒一般笼罩在A股上空。

1. 高发行价

海普瑞(002399)148元,汤臣倍健(300146)110元,沃森生物(300142)95元,华锐风电(601558)90元……这些华丽发行价的拥有者都是2010年以后的新股。

为什么它们能够定出如此高的发行价?主要原因还是在于中国股市的畸形。在很长一段时间里，中国股市都是"逢新必涨"，因此投资者亦"逢新必打"。因为上市当日不设涨跌幅限制，股价往往会被疯狂拉升，这样的"打新热"在2009年达到了一个高潮。2009年10月30日，第一批创业板股票登陆深圳证券交易所，上市首日即被市场疯狂追捧，全部28支新股都曾因股价上升过快而遭临时停牌。其中，最高的N金亚（300028）涨幅为209.73%，最低的N南风（300004）为75.84%，平均涨幅为106%！

越来越多的新股挺着高昂的头迈进市场，它们像吸血鬼一般饥渴地吮吸投资者的"鲜血"。终于有一天，市场无法承受后，摇摇欲坠的高楼于是轰然倒塌。

根据上海证券交易所统计数据显示，自2009年下半年到2011年底，我国A股市场一共发行了730支新股。上市当日即跌破发行价的达103支，占比14.11%；三个月后破发的有187支，比例高达26.71%，平均跌幅11.48%；一年后跌破发行价的公司达到166家，占比超过35%，跌幅扩大至22.63%。

2. 高市盈率

市盈率（简称PE）是指每股价格和每股收益的比值，通常用来作为比较不同价格的股票是否被高估或低估的指标。一支股票市盈率的高低是应该和它所代表的公司的成长性相联系的。例如1992年到2001年间英特尔公司的平均市盈率是35倍，美国电力公司的这一比率只有英特尔的一半。而到了2000年年底，英特尔公司的每股收益增长了8倍以上，美国电力公司的收益率却几乎没有变化。在二级市场上，高市盈率往往意味着公司拥有广阔的增长机会，投资者愿意为今后可能的更多收益支付更高的价格。

但是，新股的市盈率却是上市公司和保荐机构共同研究定下的结果，并非投资者意愿的反映。历史数据显示，从2002年年初到2008年年底的7年时间内，我国A股市场年度首发市盈率均值在17倍到30倍的区间内窄幅波动；而自2009年首次公开发行重启后，随后三年的年度首发市盈率均值分别高达53倍、59倍、46倍，明显高于同期全部A股的市盈率。

好消息是，今年有关新股发行制度改革的探讨逐步升温，新股"三高"以及炒

生活中点石成金的财务资讯

作现象在一定程度上得到抑制。截至2012年4月27日，今年发行的64支新股算术平均市盈率为30.71倍，平均发行价为19.85元，与2011年全年均值相比，分别下降33.34%和22.88%。

3. 高比例超募

在中国，很多公司不管缺不缺钱都赶着上市，而且首次公开发行募集的资金大多超过了其使用计划。例如上面提到的A股市场第一高发行价的拥有者海普瑞，首次公开发行后拿到了50多亿元超募资金，几乎是拟募集资金总额的6倍！然而，这部分资金大量被闲置，不仅浪费社会资源，还助长了上市公司罔顾投资者利益的行为。

据内部人士透露，保荐机构的收费与公司超募金额紧密挂钩。比如对于中小板项目，最初报价都是1000万元，而中投证券在海普瑞业务上收费超过2亿元！由于利益的驱动，本应该是发行人和投资者双方的博弈中介的保荐机构，其心中的天平出现偏斜。

新股发行改革历程回眸

从1990年中国证券市场诞生至今，我国的新股发行已走过了三个阶段。

1. 第一阶段：审批制

在1992年之前，网络对于普通老百姓来说还是个新鲜词，此时的新股发行方式是拿身份证买表抽签进行认购。由于供需不平衡，认购证一度成为暴富的代名词。尤其是发生在1992年的深圳"8·10"事件，几十万人提前两三天排队抢购股票认购申请表，而没有买到股票的人纷纷走上街头并引发了骚乱，后来几乎演变成群体性事件，其影响之大，令人唏嘘。为了吸取教训，从1993年开始，证券市场就相继采用了无限量发售申请表、与银行储蓄存款挂钩、预缴款按比例配售等方式向公众公开发行股票。

为了防止股票发行引起的过度投机，中国证监会采取了额度指标管理的审批，具体就是先确定当年的发行总额度，然后根据各省行政区域、行业地位和需要进一步分配总额度，再将这些额度推荐给企业，最后由证监会审批企业发行股票。

但是随着市场经济的不断进步,这种带有强烈行政色彩的制度不仅抑制了企业的上市需求,而且由于审批的不透明,有可能存在钱权交易等行为,它已经不能很好地促进证券市场的进一步发展。

2. 第二阶段:通道制

2000年3月,中国证监会颁布了《中国证监会股票发行核准程序》,废除审批制,改由担任主承销商的证券公司负责选择、推荐企业,并由中国证监会依法核准。这标志着我国股票发行体制开始由审批制向核准制转变。2001年,网上竞价的方式正式启用。

2001年3月,核准制下的通道制开始实行。何为"通道制"?通俗来说,就是由证券监管部门确定各家综合类券商所拥有的发股通道数量,券商按照发行一家上报一家的模式来推荐将要上市的公司发行股票。通道制下股票发行"名额有限"的特点未变,但通道制改变了过去行政机制遴选和推荐发行人的做法,使主承销商在一定程度上承担起股票发行风险,同时也获得了遴选和推荐股票发行的权力。由于在通道制实施之后的两年中,中国企业上市遇到了前所未有的寒冬,2002年、2003年中国证券市场新上市的公司为127家,大大落后于前几年的首次公开发行进程,这显然不能满足企业对直接融资的市场需求,这种模式很快不能被各界所接受。

3. 第三阶段:保荐制

2003年12月28日,证监会公布了《证券发行上市保荐制度暂行办法》,并于2004年2月1日起施行保荐制度,该制度属于核准制的范畴。为了平稳过渡,此时通道制并未彻底废除。

所谓保荐制度,就是指具备保荐资格的中介机构为发行人进行推荐和辅导,协助发行人建立严格的信息披露制度,并在接下来的一段时间里承担起风险防范的责任。在公司上市后的规定时间内,保荐人需要继续协助公司建立规范的法人治理结构与监督机制。

2004年年底,证监会取消了股票发行价格的核准,开始实行询价制。此后,证监会不断完善询价和申购的报价约束机制,以淡化行政指导,优化网上发行机制。

生活中点石成金的财务资讯

到了 2012 年，新任证监会主席郭树清的一句"IPO 不审行不行"引发了学者和专家的热烈讨论。4 月 28 日，证监会正式公布了新股发行体制改革的指导意见，这是否能够有效降低新股"三高"、抑制"炒新热"？我们拭目以待。

○ 解禁、减持与增发

新闻链接

创业板走近"全流通时代"：解禁前主力后撤

2012 年 9 月 18 日　来源：第一财经日报

一改此前很长一段时间明显强于主板的表现，昨日创业板领跌两市。而市场普遍认为，10 月末创业板面临新一轮限售股批量解禁，首批上市的部分企业将进入"全流通时代"，大小非套现预期给创业板后期走势平添了不少变数。

今年 10 月 30 日至 11 月 1 日，创业板首批 28 家公司的 35.46 亿股首发限售股将解禁，这些限售股解禁之后，28 家公司中将有 10 家公司的股份全部成为流通股，15 家公司总股本的 90% 以上为流通股。

2009 年 10 月末，创业板横空出世，首批 28 家公司共发行 6.12 亿股，募集资金 154.78 亿元，其中超募资金高达 77.89 亿元。

目前，虽然不少公司股价相对发行价出现了大幅上涨，有些公司甚至实现了翻倍涨幅，但对于二级市场投资者而言，如果上市首日便买入并持有至今，首批 28 支个股只有 6 支能让投资者赚钱。较上市首日收盘价计算，这 28 支个股二级市场投资者的累计亏损达到 75.87 亿元。也就是说，一方面上市公司超募了巨额资金，另一方面二级市场投资者却亏损了金额相近的真金白银。

有分析人士认为，相对于"微不足道"的入股成本，创业板公司目前的股价让大小非们赚得盆满钵满，一旦解禁，部分公司将面临套现压力陡增的情况。而宏观经济减速，一些中小企业抗风险能力不足的问题也陆续显现，也增大了大小非减持的动力。

4　解读上市公司资讯

> 点评：解禁、减持与增发一向被股民视为洪水猛兽，它们在导致市场失血的同时更使得股指大幅下挫，而上市公司则把它们当做资金取之不竭用之不尽的神奇源泉。其中到底有怎样的关联？大小非又是怎么一回事？或许下面的分析能够帮助你建立对它们的初步了解。

股市毒药"大小非"

前面提到，我国设立资本市场的初衷是为饱受资金压力的国有企业提供一条新的融资渠道，然而在当时，股票在一些人心目中被视为资本主义社会的产物。很多人认为股份制就是私有化，股票交易将导致国家对上市公司控股权的丧失和国有资产流失，同时，我国尚存在国有产权不清晰、上市后的收益不确定等一系列问题。为了尽快把证券市场组建起来，也为了避免国有股权旁落，在按照出资主体的不同把企业股份分为了国有股、法人股、个人股和外资股等几种类别后，国家提出了"国有存量股份不动，增量募集股份流通"的股权分置模式，希望在保持对上市公司控股地位的前提下，走"局部"公众化的道路。

于是，流通股与非流通股就此诞生了，这二者有什么区别呢？一方面，流通股可以在二级市场（也就是证券交易市场）上买卖，非流通股只能在二级市场外转让；另一方面，流通股是以市场价格取得，而非流通股基本上是以每股净资产价格取得。由于每股市场价格一般高于每股净资产价格，因此，总体来讲，流通股的成本远高于非流通股的成本。

虽然不同股份的划分适应了中国股市创立之初的客观历史条件，但它也为后来中国资本市场进一步发展留下了制度缺陷。非流通股股东（一般是控股股东）无法通过股价的涨跌来获得资本利得，其收益取决于公司净资产的增值；而广大中小流通股股东没有足够的能力和动力对上市公司实施有效监督，他们只能通过股价的波动来获利。同股不同权、同股不同价、同股不同酬、同股不同险的问题严重困扰市

生活中点石成金的财务资讯

场,不同股东之间存在着激烈的利益冲突。非流通股股东经常做出损害上市公司利益的事情,导致股票价格大幅下跌;而流通股股东则对二级市场上的热点题材股票进行疯炒。前证监会主席尚福林曾如此总结道:"股权分置问题作为历史遗留的制度性问题,不利于形成合理的股票定价机制,影响证券市场预期的稳定,制约资本市场国际化进程和产品创新,使公司治理缺乏共同的利益基础,也不利于国有资产的顺畅流转、保值增值以及国有资产管理体制改革的深化。"

随着市场经济的发展和股市的不断扩容,要求改革的呼声也越来越高。其实早在1998年,国家就在想办法试图让这部分非流通股获得流通权,但是由于最初设置非流通股时不合理的国有资产评估,这些非流通股的成本低得吓人,很多就是几毛钱,甚至几分钱,跟二级市场上股民花几十元真金白银买来的相差太大。因此,这些改革方案均被否决。国家每试点一次,股市就大跌一次,最终酿成了2001年到2005年股市从2245点跌到998点的大熊市局面。

照这样下去肯定不行,于是管理层决定采用对价的方式来平衡非流通股股东与流通股股东之间的利益,即非流通股股东通过向流通股股东送股或者派发现金,以让渡一部分其股份上市流通带来的利益。其中,对价的确定由上市公司相关股东在平等协商的基础上采取市场化的方式确定,并且其改革方案需经参加表决的流通股股东所持表决权的2/3以上通过。2005年4月29日,证监会宣布股权分置改革试点工作正式启动。随后的6月10日,三一重工(600031)股改方案通过,成为"中国股改第一股",中国股市从此迈入了全流通时代。自此,困扰中国股市和中国股民多年的"老大难"问题终于告一段落。

这场改革被认为是证券市场历史上最具里程碑意义、最重量级的一次纠错。用经济学家樊纲的话说,"这一改革使得中国资本市场的制度基础发生了根本变化,困扰了中国资本市场十几年的制度安排上的'达摩克利斯之剑'被消除。"但是,这场改革并没有完全结束,由股改产生的4685亿股非流通股还亟待转流通。为了避免非流通股一次性流通对市场冲击太大,国家规定,非流通股送股之日起12个月后可以流通上市公司总股本的5%,23个月后可流通10%,36个月后才可以100%

流通。相应地，人们把持有公司总股本5%以上的非流通股股东称为"大非"，持股5%以下则为"小非"，这就是"大小非"的由来。

除了"大小非"，中国股市还有"大小限"，而后者常常被新闻媒体和普通投资者归于前者的范畴内。随着股权分置改革的启动，为了使股权分置改革能够顺利进行同时避免产生新的历史遗留问题，中国证监会在2005年5月到2006年6月间暂停了首次公开发行。后来又规定2006年5月18日以后新上市的公司就归属于全可流通公司，不再划分上市和暂不上市流通的股份，这就是所谓的"新老划断"。中工国际（002051）成为了全流通条件下的首次公开发行第一单。但要注意，即使是这个时间点以后首次公开发行的公司，其原有股东所持的股份也不能立马兑现。对于发起人所持有的股份，国家安排了3年的锁定期，即从上市之日起3年后方可流通，这种流通权限售股票被称作"大限"；对于在上市前12月内入股的小股东，则可以在公司上市1年后转流通，这种类型的股票就被称为"小限"。

"大小非"和"大小限"被允许流通（也就是解禁）后，其股东就可以把这些股份拿到二级市场上出售来套取现金了，这种卖出股份的行为称为减持。解禁消息的公布与股票价格波动之间关系相当密切，尽管通常情况下，解禁的股份不一定会立刻抛出。虽然曾有市场资金充裕时解禁后股票放量上涨的先例，但一般情况下，解禁就意味着股票卖盘的增多，股价也会受到打压。因此，对于市场来说，解禁和减持并不是什么美好的事情。

表4-1 2007年~2012年"大小非"解禁数据（解禁市值按当前市值计算）

年份	解禁股份（亿股）	解禁市值（万亿元）
2007	118.42	0.1013
2008	1620	1.78
2009	7547	4.57
2010	3466	5.23
2011	1602	1.34
2012	1685	1.14

数据来源：万得资讯、凤凰财经

生活中点石成金的财务资讯

从 2007 年 12 月起，中国股市所特有的大小非们开始了解禁之旅，到 2012 年 5 月，仍有 22.74% 的国家股、法人股未流通变现。对于实际减持的情况，则依市场行情而不同。例如 2008 年受金融危机所困，实际减持 345 亿元。2009 年股市反弹，大小非们也趁着利好出货集体上阵，减持总额高达 1136 亿元；到了 2011 年，764 家公司被减持，占当年解禁的 69.58%，其减持股数和减持市值分别为 69.75 亿股和 932.79 亿元。其中报喜鸟（002154）以减持 100 多次位居次数第一，TCL（000100）以减持 2.4 亿股位居股本第一，海螺水泥（600585）以减持 31.93 亿元位居金额第一。截至 2012 年 6 月 30 日，当年沪深两市共发生大小非减持 1855 次，涉及 29.36 亿股，累计减持 352.37 亿元。

增发热情不可挡

除了首次公开发行，上市公司还可以在后续的日子里额外发行股票，这就是增发。对于股票的发售对象，上市公司可以选择面向普通公众，也可以选择特定的机构和个人，前者称为"公开增发"，后者为"定向增发"。增发总体上增加了发行在外的股票总量，短期内增加了股票供给，对股价肯定会造成一定的影响，但这种影响又因增发的对象不同而不同。

一般地，对于公开增发的原因，上市公司通常解释为"因业务发展需要增加资本额"，但股民们则不这么认为。有统计表明，实施增发公司的货币资金数量并没有显著低于市场平均水平，甚至有人分析，上市公司并非因为缺钱才进行增发，而往往是因为它满足了增发的条件，所以不愿意放弃圈钱的机会。对于这种增发，投资者肯定是不会买账的，其股价也有下跌的可能。

而对于定向增发，二级市场的反应则复杂得多。

首先，定向增发极有可能通过注入优质资产、整合上下游企业等方式给上市公司的业绩增长带来立竿见影的效果。例如 2006 年 2 月，鞍钢股份（000898）向其母公司鞍钢集团定向增发了 29.7 亿股，然后用母公司支付的资金反向收购了集团公司的优质钢铁资产，其折现后每股盈利能力明显高于现有资产，公司不仅整体业绩得到了提升，每股收益也得以增长。其次，定向增发不会增加对二级市场的资金需求，更不会改变二级市场的资金存量格局。而且按照证监会的规定，定向增发最多面向 10 名投资者，其发行价格不得低于定价基准日前二十个交易日公司股票均价的 90%，大股东及其关联方锁定 3 年，其他投资者锁定 1 年。流通股股东的利益也因此得到最大程度的保证。除此之外，定向增发还有利于引进战略投资者，为公司的长期发展打下坚实的基础。因此，据有关机构统计，实施定向增发股票的平均表现要强于大盘。

但是，如果上市公司把增发得来的资金用于还债或者投资了前景不明朗的项目，甚至通过定向增发，上市公司注入或置换进了劣质资产，从而沦落为个别大股东掏空上市公司或向关联方输送利益的形式，则会受到投资者的强烈排斥，股价也必定大跌。另外，如果增发后公司总体业绩并未出现改善和增长，那么定向增发还降低了上市公司的每股盈利。

1998 年 6 月起，我国股票市场开始正式试点实施增发新股融资方式，此后，增发的规模和募集资金总额不断扩张，特别在市场行情火热的时候，上市公司的增发热情更是高涨。从 1998 年到 2011 年，沪深市场上总共增发了 2137 亿股，募集资金 18207 亿元，算得上世界罕见。

表 4－2　　　　　　1998 年～2011 年我国股市增发情况

年份	增发家数（家）	增发股数（亿股）	增发募集资金（亿元）
1998	7	6.350	30.463
1999	7	7.484	59.949
2000	30	19.688	281.679
2001	16	9.896	135.130
2002	31	20.694	193.079
2003	16	11.307	98.522
2004	14	27.531	186.439
2005	3	51.650	266.686

生活中点石成金的财务资讯

表4-2(续)

年份	增发家数（家）	增发股数（亿股）	增发募集资金（亿元）
2006	58	210.758	1 049.705
2007	177	316.934	3 345.974
2008	135	188.075	2 171.877
2009	133	406.253	2 999.930
2010	168	438.088	3 510.306
2011	187	422.514	3 877.243

数据来源：万得资讯

而相对于再融资的积极性，上市公司对向投资者派发股利则显得不那么情愿。即使在行情大好的 2005 年到 2007 年间，沪深两市不分配股利的上市公司也占据了半壁江山，其比例分别为 51.8%、47.8% 和 42.8%。到了 2008 年中期，竟有 110 家公司超过 10 年没有派发过现金股利。

为了遏制上市公司只圈钱不分红的行为，2008 年 10 月证监会重新修订了增发标准，将最近 3 年以现金或股票方式累计分配的利润占最近 3 年实现的年均可分配利润的比例，由不少于 20% 提高到了不少于 30%。此举在一定程度上改善了上市公司不分红的状况，但情况仍不容乐观。2012 年，有 94 家公司公布了增发预案，其预计募集资金合计为 2129.67 亿元，但在这些公司中上一个年度仅有 54 家公司推出了分配方案，合计派现金额为 153.07 亿元，还不到增发融资的一成，"分红吝啬融资大方"依然是困扰中国股市的长期问题。

4　解读上市公司资讯

◎ 股市中的不死鸟

> **新闻链接**
>
> **ST公司保壳花样百出　A股市场将再现"重组"潮**
>
> 　　　　　　　　　　2012年5月7日　来源：金融界网
>
> 　　随着主板和中小板退市制度的推出，混迹于A股的ST类"不死鸟"面临前所未有的退市风险。迹象显示，多家ST类公司"保壳"动作频频。接受记者采访的专家认为，ST类公司将加速并购重组以免被强制退市，今年A股市场将出现资产重组潮。
>
> 　　"退市制度出来后，可能促使许多ST类企业加快重组步伐，以规避退市。"燕京华侨大学校长、著名经济学家华生此前曾对记者表示。英大证券研究所所长李大霄则称，新的退市制度将在政策、投资人和监管上对ST类公司形成倒逼机制，迫使其加快重组进程。"对于净资产为负的公司，短期内依靠经营好转来扭转局面的难度较大，而资产重组则能大大加快这一过程。"
>
> 　　点评：ST类公司算得上股市中的异类集群，它们有些是受到经济环境等因素的影响导致业绩暂时下滑，有些就连年亏损挣扎在生死边缘，还有些早已沦为待价而沽的空壳专供资本市场的玩家投机操纵。这里我们主要讨论的，则是后两种类型。

ST 的前世今生

　　ST是英文 Special Treatment 缩写，意思是"特别处理"。它是指上市公司因为连

生活中点石成金的财务资讯

续亏损、年报被出具否定意见、主要银行账户被冻结等原因而被证券交易所警示，更改其公司股票简称，并加上相应的前缀（投资者称之为"戴帽"）。特别处理不是对上市公司的处罚，而是向投资者提示该公司目前存在的风险。按照所戴"帽子"不同，特别处理可以分为警示存在终止上市风险的特别处理（加"*ST"）和其他特别处理（加"ST"）。戴帽的标准因股票所属板块不同而变化。例如：对于主板的股票，如果是最近两年连续亏损，加"*ST"；最近一年股东权益为负，则加"ST"。而对于中小板，如果公司最近一年的股东权益为负，就得加"*ST"了。需要注意的是，创业板是没有ST警示的，一旦出现问题就可能直接退市。

戴帽之后，股票报价日的涨跌幅限制将从10%变为5%，其他交易情况保持不变。如果公司情况出现好转，戴帽原因已消除，则可以申请摘帽。从1998年4月22日ST制度创立至今，摘帽的ST不在少数。但是如果上市公司出现连续亏损三年、连续四个月未改正错误的财务会计报告等情况，则要暂停上市了。如果暂停上市后公司在第四年仍然出现亏损、其后的两个月仍未改正错误的财务报告的，证券交易所就会终止其上市资格。

所以部分投资者把ST类股票称为"垃圾股"也不无道理。当然，退市并不一定是破产或解散，只要未宣布破产，终止上市的公司仍然存在并运作着。对于投资者来说，所持股票的转让会受到很大程度的限制，不能参加证券交易所的集中竞价交易。

1998年4月28日，中国证券市场诞生了第一支ST股票：辽物资A（今银基发展）。从此，ST股票便以其独特的身份登上了历史的舞台，其阵容也便伴随着整个A股市场的增长而不断扩大。

我们先来看一些事实。ST黑龙（600187，现名国中水务），一家自来水公司，2006年4月27日停牌，在停牌的三年间该公司成功实现了重组，2009年4月17日该股复牌，当日涨幅超过1000%。这还不算什么，ST重机（600150）摇身一变成为300多元一股的中国船舶、ST金泰（600385）连续42个涨停、ST长运（600369）从1元多一路飙升到21元多……这可谓是中国资本市场特有的神话。

4 解读上市公司资讯

从2012年ST股票交易情况来看，在164支ST股中（截至2012年5月1日），正在交易的共有135支。2012年1~4月份，这135支ST股票的成交金额均在1亿元以上。其中，累计成交金额超过10亿元以上的有79支，占总数的58.5%。从这135支ST股的年内涨跌幅来看，1~4月，全部ST股均为上涨，涨幅最大的为ST申龙，累计涨幅为176.26%。

是什么使得投资者如此热衷其中呢？

首先，因为公司业绩问题，ST股票价格往往不高，市场上1元、2元的ST股票比比皆是。有时低价股更能起到股市风向标的作用，每次行情来临低价股往往最先启动。一位投资者表示，便宜的股票看起来不起眼，即使涨了一两倍也不会引人注目，而大盘蓝筹股则树大招风，一个涨停板就容易引起整个市场的关注，交易机会反而少。

另一个主要原因，则是借ST股票赌重组机会。有个概念叫"壳资源"，指的是公司上市的资格。我们常常听到的"借壳上市"就是说一家公司想上市，但是自身又不符合上市标准，那么这家想上市的公司就会去购买或控制是一家上市公司，相当于找个马甲，然后把想上市的公司的资源注入这个马甲内，这样原来不符合上市标准的公司就穿上马甲变相上市了。

再看这样一个例子。2010年5月，由于连续三年亏损，作为中小板第一家被戴上ST帽子的*ST张铜（002075）被要求暂停上市。随后，沙钢集团介入了*ST张铜的重组。2010年6月30日，沙钢集团向*ST张铜无附义务捐赠2.6亿元，顺利将公司所有者权益由负值变为800多万元。2010年年末，通过定向增发和资产置换，*ST张铜顺利完成了重组，当年收益也扭亏为盈。在2011年4月8日，*ST张铜恢复上市同时撤消退市风险警示，更改股票简称为"沙钢股份"，上市首日涨幅为87%。

面对如此暴利，不仅部分个人投资者纷纷追逐，专业知识和管理水平远超一般投资者的基金也热衷其中。据《证券日报》基金周刊根据万得数据统计显示，截至2012年第一季度末，累计有32支基金现身17支ST股票前十大流通股东。

生活中点石成金的财务资讯

暴富神话背后

为什么这些有着连续亏损业绩、面临退市风险的 ST 股票能够一飞冲天，引领财富暴增的游戏？这还得从我国股市的制度说起。

1．壳资源的稀缺

我们知道，一个公司要想上市，必须接受证监会的审批，这是因为我国公司上市实行的是审核制。而在提交上市申请前，公司还得满足一定的条件，如登陆主板要求股本总额不少于人民币 3000 万元，总股本 4 亿以上的其公开发行比例不低于 10% 等。

而国外流行的注册制则是证券监管机构对证券发行事先不作实质条件的限制，也不对证券发行行为及证券本身作出价值判断，相信投资者都有足够强的判断能力，并且任何公司都有发行股票的权利，至于资本品能否卖出去、以什么价格卖出去，应完全由市场供求来决定，其风险也由投资者完全自主判断。

虽然证监会表示审核制和注册制差别不大，但不能否认的是，在审核制的重重限制下，即使如前文提到的贵为中国第一大民营企业的沙钢集团，为了上市也付出了长达 16 年的努力。在手机巨头诺基亚向德国法兰克福证券交易所主动申请退市时，根据证监会于 2012 年 2 月 1 日首次对外公布的数据，中国还有近 500 家企业正在排队等待上市，而 2011 年 A 股市场发行了不到 300 家。用中关村资本市场研究会会长李国魂的话来说，"等于是今后两年上市公司数量就已经排满了"。

2．退市制度的不完善

从 2001 年 4 月 23 日中国证券市场上第一支退市的股票 PT 水仙开始，真正意义上因监管规则而退市公司只有 42 家。在 2007 年 12 月 31 日 *ST 联谊被终止上市后，最近 4 年多来沪深股市再没有一家上市公司退市。而这期间，A 股上市公司数量从 1570 多家增至 2400 多家，净增 800 余家。反观美国纽约和纳斯达克这两家交易所，平均每年有 1% 的上市公司退市。

于是，在形同虚设的退市制度的庇护下，有些垃圾股凭借着"高超"的财务技巧，挺过了一年又一年，至今还一直占据着宝贵的上市资源。而有着A股最长寿ST公司之称的ST东海A（000613）无疑是其中的"佼佼者"。这家1997年上市的公司，从1999年5月便开始戴上ST帽子，一直延续至今，但凭借着"亏两年赚一年"式的财务游戏，ST东海A至今仍未退市。

  好消息是，这种情况即将得到改善。2012年4月2日，深圳证券交易所正式发布《深圳证券交易所创业板股票上市规则（2012年修订）》，并自2012年5月1日起施行。与之前发布的意见稿相比，该规则更为严格，内容包括创业板暂停上市考察期缩短到一年、创业板公司被公开谴责三次将终止上市等。另一方面，深交所此次明确了对通过借壳恢复上市的情形不予支持。接着在2012年6月28日，《关于完善上海证券交易所上市公司退市制度的方案》在众人瞩目下隆重登场。该方案新增了3类退市条件，特别是关于净资产和营业收入、关于股票成交价格这两条，将大大加快上市公司的退市步伐。

  正如巴菲特的名言所说，"只有当潮水退去，才会发现谁在裸泳"。

图书在版编目(CIP)数据

生活中点石成金的财务资讯/何汕媛编著.—成都:西南财经大学出版社,2013.1
(财资生活)
ISBN 978-7-5504-0900-2

Ⅰ.①生… Ⅱ.①何… Ⅲ.①财政经济—通俗读物 Ⅳ.①F810-49

中国版本图书馆 CIP 数据核字(2012)第 291975 号

生活中点石成金的财务资讯
何汕媛 编著

策　　划	谢廖斌
责任编辑	王正好
助理编辑	王　珏
封面设计	袁　海
版式设计	台湾崧博文化
责任印制	封俊川

出版发行	西南财经大学出版社(四川省成都市光华村街55号)
网　　址	http://www.bookcj.com
电子邮件	bookcj@foxmail.com
邮政编码	610074
电　　话	028-87353785　87352368
照　　排	四川胜翔数码印务设计有限公司
印　　刷	四川新财印务有限公司
成品尺寸	170mm×230mm
印　　张	8.625
字　　数	110千字
版　　次	2013年1月第1版
印　　次	2013年1月第1次印刷
书　　号	ISBN 978-7-5504-0900-2
定　　价	28.00元

1. 版权所有,翻印必究。
2. 如有印刷、装订等差错,可向本社营销部调换。